Capítulo 6
Sumar y restar fracciones con denomina...

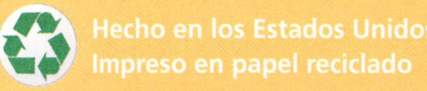
Hecho en los Estados Unidos
Impreso en papel reciclado

Copyright © 2015 by Houghton Mifflin Harcourt Publishing Company

All rights reserved. No part of this work may be reproduced or transmitted in any form or by any means, electronic or mechanical, including photocopying or recording, or by any information storage and retrieval system, without the prior written permission of the copyright owner unless such copying is expressly permitted by federal copyright law. Requests for permission to make copies of any part of the work should be addressed to Houghton Mifflin Harcourt Publishing Company, Attn: Intellectual Property Licensing, 9400 Southpark Center Loop, Orlando, Florida 32819-8647.

Common Core State Standards © Copyright 2010. National Governors Association Center for Best Practices and Council of Chief State School Officers. All rights reserved.

This product is not sponsored or endorsed by the Common Core State Standards Initiative of the National Governors Association Center for Best Practices and the Council of Chief State School Officers.

Printed in the U.S.A.

ISBN 978-0-544-67790-6

2 3 4 5 6 7 8 9 10 0690 24 23 22 21 20 19 18

4500695326   B C D E F G

If you have received these materials as examination copies free of charge, Houghton Mifflin Harcourt Publishing Company retains title to the materials and they may not be resold. Resale of examination copies is strictly prohibited.

Possession of this publication in print format does not entitle users to convert this publication, or any portion of it, into electronic format.

Estimados estudiantes y familiares:

Bienvenidos a **Go Math! ¡Vivan las Matemáticas!** para 5.º grado. En este interesante programa de matemáticas encontrarán actividades prácticas y problemas del mundo real que tendrán que resolver. Y lo mejor de todo es que podrán escribir sus ideas y sus respuestas directamente en el libro. Escribir y dibujar en las páginas de **Go Math! ¡Vivan las Matemáticas!** les ayudará a percibir de manera detallada lo que están aprendiendo y ¡entenderán muy bien las matemáticas!

A propósito, todas las páginas de este libro están impresas en papel reciclado. Queremos que sepan que al participar en el programa **Go Math! ¡Vivan las Matemáticas!**, están ayudando a proteger el medio ambiente.

Atentamente,
Los autores

Hecho en los Estados Unidos
Impreso en papel reciclado

GO MATH!
¡VIVAN LAS MATEMÁTICAS!

Autores

Juli K. Dixon, Ph.D.
Professor, Mathematics Education
University of Central Florida
Orlando, Florida

Edward B. Burger, Ph.D.
President, Southwestern University
Georgetown, Texas

Steven J. Leinwand
Principal Research Analyst
American Institutes for
    Research (AIR)
Washington, D.C.

Contributor

Rena Petrello
Professor, Mathematics
Moorpark College
Moorpark, California

Matthew R. Larson, Ph.D.
K-12 Curriculum Specialist for
    Mathematics
Lincoln Public Schools
Lincoln, Nebraska

Martha E. Sandoval-Martinez
Math Instructor
El Camino College
Torrance, California

English Language Learners Consultant

Elizabeth Jiménez
CEO, GEMAS Consulting
Professional Expert on English
    Learner Education
Bilingual Education and
    Dual Language
Pomona, California

Operaciones con fracciones

Área de atención Desarrollar fluidez en la suma y resta de fracciones, y desarrollar la comprensión de la multiplicación y la división de fracciones en casos limitados (fracciones unitarias divididas entre números enteros y números enteros divididos entre fracciones unitarias)

Proyecto Seguir el ritmo 348

6 Sumar y restar fracciones con denominadores distintos — 349

ESTÁNDARES ESTATALES COMUNES

5.OA Operaciones y pensamiento algebraico
Agrupación A Escriben e interpretan expresiones numéricas.
5.OA.A.2

5.NF Números y operaciones: Fracciones
Agrupación A Utilizan las fracciones equivalentes como una estrategia para sumar y restar fracciones.
5.NF.A.1, 5.NF.A.2

✓ Muestra lo que sabes 349
    Desarrollo del vocabulario 350
    Tarjetas de vocabulario del capítulo
    Juego de vocabulario 350A

1 **Investigar** • La suma con denominadores distintos 351
    Práctica y tarea

2 **Investigar** • La resta con denominadores distintos 357
    Práctica y tarea

3 Estimar sumas y diferencias de fracciones 363
    Práctica y tarea

4 Denominadores comunes y fracciones equivalentes 369
    Práctica y tarea

5 Sumar y restar fracciones 375
    Práctica y tarea

✓ Revisión de la mitad del capítulo 381

Área de atención

¡Aprende en línea! Tus lecciones de matemáticas son interactivas. Usa iTools, Modelos matemáticos animados y el Glosario multimedia.

Presentación del Capítulo 6

En este capítulo explorarás y descubrirás las respuestas a las siguientes **Preguntas esenciales**:

- ¿Cómo puedes sumar y restar fracciones con denominadores distintos?
- ¿Cómo te ayudan los modelos a hallar la suma y la resta de fracciones?
- ¿Cuándo usas el mínimo común denominador para sumar y restar fracciones?

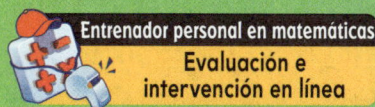
Entrenador personal en matemáticas
Evaluación e intervención en línea

6 Sumar y restar números mixtos **383**
Práctica y tarea

7 La resta con conversión **389**
Práctica y tarea

8 Álgebra • Patrones con fracciones **395**
Práctica y tarea

9 Resolución de problemas • Practicar la suma y la resta **401**
Práctica y tarea

10 Álgebra • Usar las propiedades de la suma **407**
Práctica y tarea

✓ Repaso y prueba del Capítulo 6 . . . . **413**

PRACTICA MÁS CON EL
Entrenador personal
en matemáticas

Práctica y tarea

Repaso de la lección y Repaso en espiral en cada lección

Operaciones con fracciones

ÁREA DE ATENCIÓN Desarrollar fluidez en la suma y resta de fracciones, y desarrollar la comprensión de la multiplicación y la división de fracciones en casos limitados (fracciones unitarias divididas entre números enteros y números enteros divididos entre fracciones unitarias)

Operador de tablero en un estudio de grabación▶

Seguir el ritmo

Tanto en las matemáticas como en la música, encontramos números y patrones de cambio. En la música, estos patrones se denominan ritmo. Escuchamos el ritmo como un número de tiempos.

Para comenzar

La marca de tiempo que aparece al principio de la línea de un pentagrama se parece a una fracción. Indica el número de tiempos de cada compás y el tipo de nota que completa 1 tiempo. Cuando la marca de tiempo es $\frac{4}{4}$, cada nota de $\frac{1}{4}$, o negra, equivale a 1 tiempo.

En la siguiente melodía, cada compás está compuesto por diferentes tipos de notas. Los compases no están marcados. Comprueba la marca de tiempo. Luego dibuja líneas para marcar cada compás.

Datos importantes

♩ = $\frac{1}{2}$

♩ = $\frac{1}{4}$

♪ = $\frac{1}{8}$

♪ = $\frac{1}{16}$

348 Capítulos 6 a 8

Capítulo 6 Sumar y restar fracciones con denominadores distintos

Muestra lo que sabes

Comprueba si comprendes las destrezas importantes.

Entrenador personal en matemáticas
Evaluación e intervención en línea

Nombre ______________________________

▶ **Parte de un entero** Escribe una fracción para indicar la parte sombreada. (3.NF.A.1)

1.

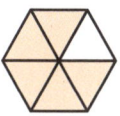

número de partes sombreadas ______

número de partes en total ______

fracción ______

2.

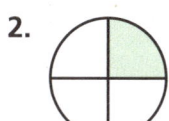

número de partes sombreadas ______

número de partes en total ______

fracción ______

▶ **Sumar y restar fracciones** Escribe la suma o la diferencia en su mínima expresión. (4.NF.B.3d)

3. $\frac{3}{6} + \frac{1}{6} =$ ______ **4.** $\frac{4}{10} + \frac{1}{10} =$ ______ **5.** $\frac{7}{8} - \frac{3}{8} =$ ______ **6.** $\frac{9}{12} - \frac{2}{12} =$ ______

▶ **Múltiplos** Escribe los primeros seis múltiplos distintos de cero. (4.OA.B.4)

7. 5 ______________ **8.** 3 ______________ **9.** 7 ______________

Matemáticas En el mundo

Hay 30 senadores y 60 miembros de la Cámara de Representantes en la Legislatura de Arizona. Imagina que 20 senadores y 25 representantes asistieron a una reunión de comité. Escribe una fracción para comparar el número de legisladores que asistieron con el número total de legisladores.

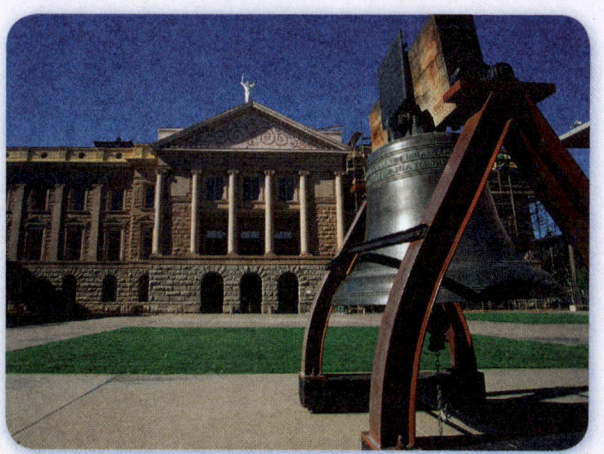

Desarrollo del vocabulario

▶ **Visualízalo**

Usa las palabras marcadas con ✓ para completar el diagrama en forma de H.

Suma y resta fracciones con _____ semejantes

Suma y resta fracciones con _____ distintos

Palabras de repaso
- ✓ denominadores
- ✓ diferencia
- ✓ fracciones equivalentes
- ✓ mínima expresión
- ✓ múltiplo común
- ✓ numeradores
- número mixto
- punto de referencia
- ✓ suma

Palabras nuevas
- ✓ denominador común

▶ **Comprende el vocabulario**

Dibuja líneas para emparejar las palabras con sus definiciones.

1. múltiplo común
2. punto de referencia
3. mínima expresión
4. número mixto
5. denominador común
6. fracciones equivalentes

- Un número formado por un número entero y una fracción
- Un número que es múltiplo de dos o más números
- Un múltiplo común de dos o más denominadores
- La forma de una fracción en la que 1 es el único factor común del numerador y el denominador
- Un número conocido que se usa como punto de partida
- Fracciones que nombran la misma cantidad o parte

- Libro interactivo del estudiante
- Glosario multimedia

Vocabulario del Capítulo 6

denominador común	**múltiplo común**
common denominator	common multiple
18	45

denominador	**diferencia**
denominator	difference
17	20

fracciones equivalentes	**número mixto**
equivalent fractions	mixed number
36	48

numerador	**mínima expresión**
numerator	simplest form
46	44

Número que es múltiplo de dos o más números Ejemplo: $4 \times 3 = \boxed{12}$ $6 \times 2 = \boxed{12}$	Múltiplo común de dos o más denominadores Ejemplo: $\frac{3}{8}$ ←denominador común→ $\frac{7}{8}$
Resultado de una resta Ejemplo: $75 - 13 = 62$ $\uparrow$ diferencia → $\begin{array}{r}75\\-13\\\hline 62\end{array}$	Número que está debajo de la barra en una fracción y que indica cuántas partes iguales hay en el entero o en el grupo Ejemplo: $\frac{3}{4}$ ← denominador 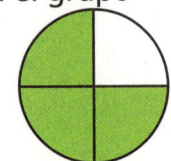
Número formado por un número entero y una fracción Ejemplo: parte del número entero → $5\frac{1}{2}$ ← parte fraccionaria 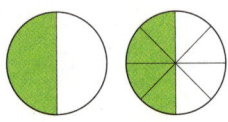	Fracciones que nombran la misma cantidad o la misma parte Ejemplo: $\frac{1}{2}$ y $\frac{4}{8}$ son equivalentes.
Una fracción está en su mínima expresión cuando el numerador y el denominador solamente tienen al número 1 como factor común. Ejemplos: $\frac{1}{2}, \frac{2}{3}, \frac{8}{15}$	Número que está arriba de la barra en una fracción y que indica cuántas partes iguales de un entero o de un grupo se consideran Ejemplo: $\frac{3}{4}$ ← numerador 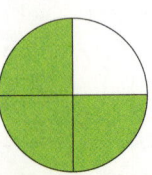

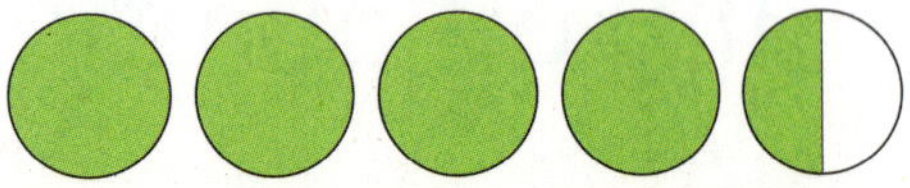

De visita con las palabras de ¡VIVAN LAS MATEMÁTICAS!

 Juego

Visita a Chicago

Para 2 a 4 jugadores

Materiales
- 1 de cada una según sea necesario: fichas de juego rojas, azules, verdes o amarillas
- 1 cubo numerado
- Tarjetas de pistas

Instrucciones
1. Cada jugador coloca una ficha de juego en la SALIDA.
2. Cuando sea tu turno, lanza la ficha de juego. Avanza ese número de espacios.
3. Si caes en uno de los siguientes espacios:

   Espacio verde Sigue las instrucciones del espacio.

   Espacio amarillo Expresa la mínima expresión de la fracción. Si tu respuesta es correcta, avanza 1 espacio.

   Espacio azul Usa un término matemático para nombrar lo que se muestra. Si tu respuesta es correcta, avanza 1 espacio.

   Espacio rojo El jugador que está a tu derecha saca una Tarjeta de pista y te lee la pregunta. Si tu respuesta es correcta, avanza 1 espacio. Coloca la tarjeta debajo de la pila.

4. Ganará la partida el primer jugador que alcance la LLEGADA.

Recuadro de palabras
denominador
denominador común
diferencia
fracciones equivalentes
mínima expresión
múltiplo común
numeradores
número mixto

Capítulo 6 350A

LLEGADA

- $\frac{16}{20}$
- $\frac{1}{8} = \frac{4}{32}$
- PISTA
- $\frac{20}{100}$
- Te subes a la rueda de la fortuna en Navy Pier. Vuelve a jugar.
- $8\frac{2}{3}$
- PISTA
- $\frac{6}{24}$
- Visitas el acuario Shedd. Intercambia posiciones con otro jugador.

Capítulo 6   350C

Diario

Escríbelo

Reflexiona

Elige una idea. Escribe sobre ella.

- Escribe un párrafo en el que se usen al menos tres de estas palabras o frases.
  denominador   número mixto   numerador   mínima expresión
- Una familia se comió 6 de las 8 porciones de una pizza. Explica cómo expresar la cantidad que comieron y la cantidad que se sobró en dos fracciones. Asegúrate de escribir las fracciones en su mínima expresión.
- Ricardo necesita mezclar $\frac{2}{3}$ de taza de fresas, $\frac{1}{4}$ de taza de frambuesas y $\frac{1}{2}$ taza de arándanos para preparar un batido. Explica cómo Ricardo puede saber la cantidad total de fruta que necesita.
- Explica cómo hallar la diferencia: $10\frac{4}{5} - 8\frac{1}{2}$

Lección 6.1

Nombre _____

La suma con denominadores distintos

Pregunta esencial ¿Cómo puedes usar modelos para sumar fracciones que tienen denominadores distintos?

Estándares comunes Números y operaciones—Fracciones—5.NF.A.1, 5.NF.A.2
PRÁCTICAS MATEMÁTICAS
MP4, MP5, MP6

Investigar

Hilary está haciendo una bolsa de las compras para su amiga. Usa $\frac{1}{2}$ de yarda de tela azul y $\frac{1}{4}$ de yarda de tela roja. ¿Cuánta tela usa Hilary?

Materiales ■ tiras fraccionarias ■ tablero de matemáticas

A. Halla $\frac{1}{2} + \frac{1}{4}$. Coloca una tira de $\frac{1}{2}$ y una tira de $\frac{1}{4}$ debajo de la tira de 1 entero en tu tablero de matemáticas.

B. Halla tiras fraccionarias con el mismo denominador que sean equivalentes a $\frac{1}{2}$ y $\frac{1}{4}$ y que encajen exactamente debajo de la suma $\frac{1}{2} + \frac{1}{4}$. Usa denominadores semejantes para anotar los sumandos.

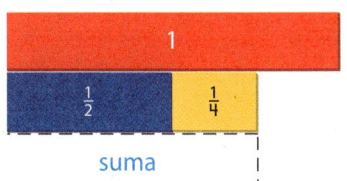 +

C. Anota la suma en su mínima expresión. $\frac{1}{2} + \frac{1}{4} = $ _____

Entonces, Hilary usa _____ de yarda de tela.

Sacar conclusiones

Charla matemática **PRÁCTICAS MATEMÁTICAS** ❹
Usa modelos ¿Cómo sabes si la suma de las fracciones es menor que 1?

1. Describe cómo determinarías qué tiras fraccionarias con el mismo denominador encajarían exactamente debajo de $\frac{1}{2} + \frac{1}{3}$. ¿Cuáles son?

_____
_____
_____

2. **PRÁCTICA MATEMÁTICA** ❺ **Usa un modelo concreto** Explica la diferencia entre hallar tiras fraccionarias con el mismo denominador para $\frac{1}{2} + \frac{1}{3}$ y $\frac{1}{2} + \frac{1}{4}$.

_____
_____
_____

Capítulo 6   351

Hacer conexiones

A veces, la suma de dos fracciones es mayor que 1. Al sumar fracciones con denominadores distintos, puedes usar la tira de 1 entero como ayuda para determinar si una suma es mayor o menor que 1.

Usa tiras fraccionarias para resolver. $\frac{3}{5} + \frac{1}{2}$

PASO 1

Trabaja con otro estudiante. Coloca tres tiras fraccionarias de $\frac{1}{5}$ debajo de la tira de 1 entero en tu tablero de matemáticas. Luego coloca una tira fraccionaria de $\frac{1}{2}$ junto a las tres tiras de $\frac{1}{5}$.

PASO 2

Halla tiras fraccionarias con el mismo denominador que sean equivalentes a $\frac{3}{5}$ y $\frac{1}{2}$. Coloca las tiras fraccionarias debajo de la suma. A la derecha, haz un dibujo del modelo y escribe las fracciones equivalentes.

$\frac{3}{5} =$ _____ $\frac{1}{2} =$ _____

PASO 3

Suma las fracciones con denominadores semejantes. Usa la tira de 1 entero para convertir la suma a su mínima expresión.

Piensa: ¿Cuántas tiras fraccionarias con el mismo denominador equivalen a 1 entero?

$\frac{3}{5} + \frac{1}{2} =$ _____ + _____

= _____ o _____

Charla matemática   PRÁCTICAS MATEMÁTICAS 6
¿En qué paso descubriste que el resultado es mayor que 1? **Explica.**

Comparte y muestra

Usa tiras fraccionarias para hallar la suma. Escribe el resultado en su mínima expresión.

1.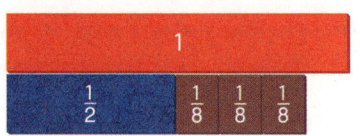

   $\frac{1}{2} + \frac{3}{8} =$ _____ + _____ = _____

2.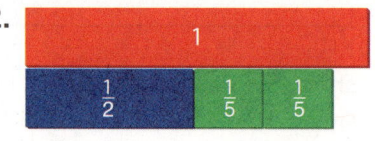

   $\frac{1}{2} + \frac{2}{5} =$ _____ + _____ = _____

352

Nombre _____

Usa tiras fraccionarias para halla la suma. Escribe el resultado en su mínima expresión.

3.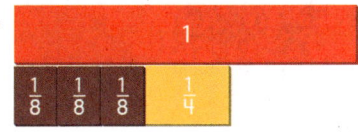

$\frac{3}{8} + \frac{1}{4} =$ _____ + _____ = _____

4.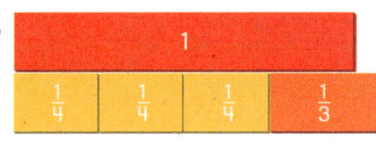

$\frac{3}{4} + \frac{1}{3} =$ _____ + _____ = _____

Usa tiras fraccionarias para hallar la suma. Escribe el resultado en su mínima expresión.

5. $\frac{2}{5} + \frac{3}{10} =$ _____

6. $\frac{1}{4} + \frac{1}{12} =$ _____

7. $\frac{1}{2} + \frac{3}{10} =$ _____

8. $\frac{2}{3} + \frac{1}{6} =$ _____

9. $\frac{5}{8} + \frac{1}{4} =$ _____

10. $\frac{1}{2} + \frac{1}{5} =$ _____

Resolución de problemas • Aplicaciones

11. **ESCRIBE** *Matemáticas* Explica cómo pueden usarse las tiras fraccionarias con denominadores semejantes para sumar fracciones con denominadores distintos.

_____

_____

12. **MÁS AL DETALLE** Luis está haciendo dos bandejas de panecillos para una merienda escolar. Para hacer una bandeja de panecillos necesita $\frac{1}{4}$ de taza de avena y $\frac{1}{3}$ de taza de harina. ¿Qué cantidad de avena y harina necesita Luis para las dos bandejas? Explica cómo usas las tiras fraccionarias para resolver el problema.

_____

_____

_____

_____

Capítulo 6 • Lección 1   353

PRÁCTICAS MATEMÁTICAS   REPRESENTAR • RAZONAR • ENTENDER

13. **PIENSA MÁS** María mezcla $\frac{1}{3}$ de taza de nueces surtidas, $\frac{1}{4}$ de taza de frutas disecadas y $\frac{1}{6}$ de taza de trocitos de chocolate para hacer una mezcla de frutos secos. ¿Cuál es la cantidad total de ingredientes que lleva su mezcla de frutos secos?

_____

14. **Plantea un problema** Escribe un problema nuevo con cantidades diferentes de ingredientes de las que María usó. Cada cantidad debe ser una fracción con un denominador de 2, 3 o 4.

_____

_____

_____

15. **PRÁCTICA MATEMÁTICA 4** **Usa diagramas** Resuelve el problema que escribiste. Dibuja las tiras fraccionarias que usas para resolver el problema.

_____

16. Explica por qué elegiste esas cantidades para el problema.

_____

_____

_____

_____

Entrenador personal en matemáticas

17. **PIENSA MÁS** Alexandria mezcló $\frac{1}{2}$ de taza de uvas y $\frac{2}{3}$ de taza de fresas para hacer un bocadillo de frutas. ¿Cuántas tazas de uvas y fresas usó? Usa las fichas para completar el modelo de tiras fraccionarias y mostrar cómo hallaste la respuesta. Las fracciones pueden usarse más de una vez o no usarse.

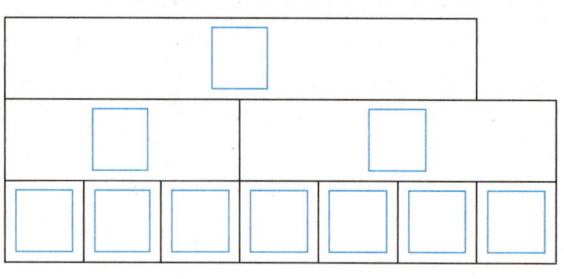

_____ tazas de uvas y fresas

354

Nombre _____

La suma con denominadores distintos

Práctica y tarea
Lección 6.1

ESTÁNDARES COMUNES—5.NF.A.1,
5.NF.A.2 *Utilizan las fracciones equivalentes como una estrategia para sumar y restar fracciones.*

Usa tiras fraccionarias para hallar la suma. Escribe el resultado en su mínima expresión.

1. $\frac{1}{2} + \frac{3}{4}$

    $\frac{1}{2} + \frac{3}{4} = \frac{2}{4} + \frac{3}{4} = \frac{5}{4}$ o $1\frac{1}{4}$

    $1\frac{1}{4}$
    _____

2. $\frac{1}{3} + \frac{1}{4}$

    _____

3. $\frac{3}{5} + \frac{1}{2}$

    _____

4. $\frac{3}{8} + \frac{1}{2}$

    _____

5. $\frac{1}{4} + \frac{5}{8}$

    _____

6. $\frac{2}{3} + \frac{3}{4}$

    _____

7. $\frac{1}{2} + \frac{2}{5}$

    _____

8. $\frac{2}{3} + \frac{1}{2}$

    _____

9. $\frac{7}{8} + \frac{1}{2}$

    _____

Resolución de problemas

10. Para hacer salchichas, Brandus compró $\frac{1}{3}$ de libra de carne de pavo molida y $\frac{3}{4}$ de libra de carne de res molida. ¿Cuántas libras de carne compró?

    _____

11. Para pasar una cinta alrededor de un sombrero y armar un moño, Stacey necesita $\frac{5}{6}$ de yarda de cinta negra y $\frac{2}{3}$ de yarda de cinta roja. ¿Cuánta cinta necesita en total?

    _____

12. **ESCRIBE** *Matemáticas* Escribe un problema de suma de fracciones con denominadores distintos. Incluye la solución.

    _____

    _____

Capítulo 6

Repaso de la lección (5.NF.A.2)

1. Hernán comió $\frac{5}{8}$ de una pizza mediana. Elizabeth comió $\frac{1}{4}$ de la pizza. ¿Cuánta pizza comieron entre los dos?

2. Bill comió $\frac{1}{4}$ de libra de frutos secos surtidos en la primera parada de una excursión. En la segunda parada, comió $\frac{1}{6}$ de libra. ¿Cuántas libras de frutos secos surtidos comió durante las dos paradas?

Repaso en espiral (5.NBT.A.1, 5.NBT.A.2, 5.NBT.B.5, 5.NBT.B.6, 5.NBT.B.7)

3. En el número 782,341,693, ¿qué dígito ocupa el lugar de las decenas de millar?

4. Matt corrió 8 vueltas en 1,256 segundos. Si corrió cada vuelta en la misma cantidad de tiempo, ¿cuántos segundos tardó en correr 1 vuelta?

5. Gilbert compró 3 camisas por $15.90 cada una, incluidos los impuestos. ¿Cuánto gastó?

6. Julia tiene 14 libras de frutos secos. Una libra contiene 16 onzas. ¿Cuántas onzas de frutos secos tiene Julia?

Lección 6.2

Nombre _____

La resta con denominadores distintos

Pregunta esencial ¿Cómo puedes usar modelos para restar fracciones que tienen denominadores distintos?

Estándares comunes — Números y operaciones—Fracciones—5.NF.A.2
PRÁCTICAS MATEMÁTICAS
MP2, MP3, MP4, MP5

Investigar

El viernes, Mario llena un comedero para colibríes con $\frac{3}{4}$ de taza de agua azucarada. El lunes, Mario observa que queda $\frac{1}{8}$ de taza de agua azucarada. ¿Cuánta agua azucarada bebieron los colibríes?

Materiales ■ tiras fraccionarias ■ tablero de matemáticas

A. Halla $\frac{3}{4} - \frac{1}{8}$. Coloca tres tiras de $\frac{1}{4}$ debajo de la tira de 1 entero en tu tablero de matemáticas. Luego coloca una tira de $\frac{1}{8}$ debajo de las tiras de $\frac{1}{4}$.

B. Halla tiras fraccionarias con el mismo denominador que encajen exactamente debajo de la diferencia $\frac{3}{4} - \frac{1}{8}$.

C. Anota la diferencia. $\frac{3}{4} - \frac{1}{8} =$ _____

Entonces, los colibríes bebieron _____ de taza de agua azucarada.

Charla matemática PRÁCTICAS MATEMÁTICAS ②

Razona de forma cuantitativa ¿Cómo sabes si la diferencia de las fracciones es menor que 1? Explica.

Sacar conclusiones

1. Describe cómo determinaste qué tiras fraccionarias con el mismo denominador encajarían exactamente debajo de la diferencia. ¿Cuáles son?

_____
_____
_____

2. **PRÁCTICA MATEMÁTICA ⑤ Usa herramientas adecuadas** Explica si podrías haber usado tiras fraccionarias con cualquier otro denominador para hallar la diferencia. Si así fuera, ¿cuál es el denominador?

_____
_____

Capítulo 6 357

Hacer conexiones

A veces puedes usar diferentes conjuntos de tiras fraccionarias con el mismo denominador para hallar la diferencia. Todos los resultados serán correctos.

Resuelve. $\frac{2}{3} - \frac{1}{6}$

A Halla tiras fraccionarias con el mismo denominador que encajen exactamente debajo de la diferencia $\frac{2}{3} - \frac{1}{6}$.

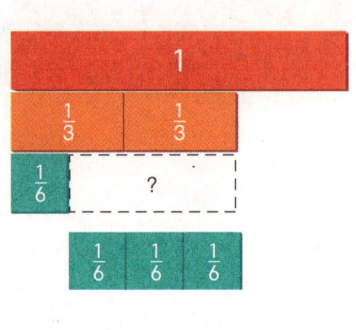

$\frac{2}{3} - \frac{1}{6} = \frac{3}{6}$

B Halla otro conjunto de tiras fraccionarias con el mismo denominador que encajen exactamente debajo de la diferencia $\frac{2}{3} - \frac{1}{6}$. Dibuja las tiras fraccionarias que usaste.

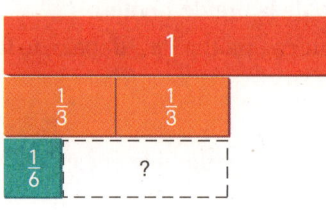

$\frac{2}{3} - \frac{1}{6} = $ _____

C Halla otras tiras fraccionarias con el mismo denominador que encajen exactamente debajo de la diferencia $\frac{2}{3} - \frac{1}{6}$. Dibuja las tiras fraccionarias que usaste.

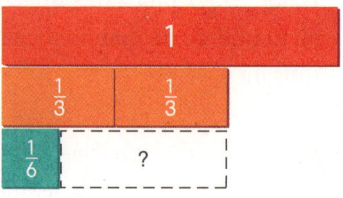

$\frac{2}{3} - \frac{1}{6} = $ _____

Aunque los resultados son diferentes, todos se pueden simplificar a _____.

Comparte y muestra

Charla matemática PRÁCTICAS MATEMÁTICAS ④

Usa modelos ¿Qué otras tiras fraccionarias con el mismo denominador podrían encajar exactamente debajo de la diferencia $\frac{2}{3} - \frac{1}{6}$?

Usa tiras fraccionarias para hallar la diferencia. Escribe el resultado en su mínima expresión.

1.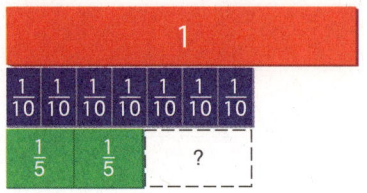

$\frac{7}{10} - \frac{2}{5} = $ _____

2.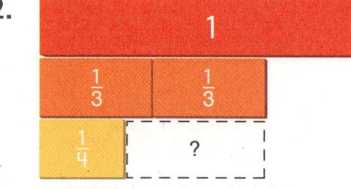

$\frac{2}{3} - \frac{1}{4} = $ _____

358

Nombre _____

Usa tiras fraccionarias o *i*Tools en español para hallar la diferencia. Escribe el resultado en su mínima expresión.

3.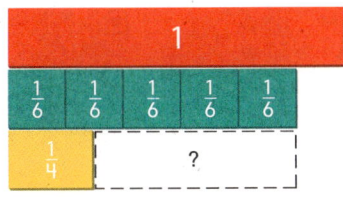

$\frac{5}{6} - \frac{1}{4} =$ _____

4.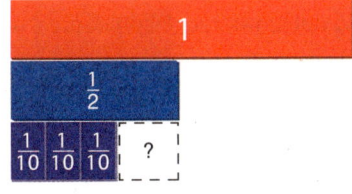

$\frac{1}{2} - \frac{3}{10} =$ _____

5.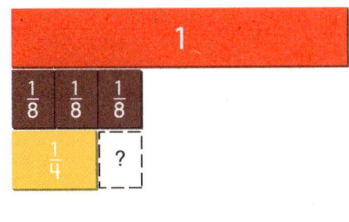

$\frac{3}{8} - \frac{1}{4} =$ _____

6.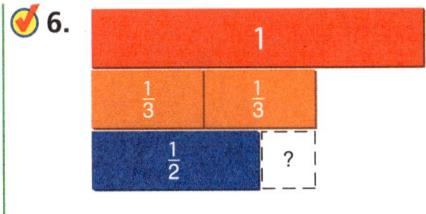

$\frac{2}{3} - \frac{1}{2} =$ _____

Usa tiras fraccionarias para hallar la diferencia. Escribe el resultado en su mínima expresión.

7. $\frac{3}{5} - \frac{3}{10} =$ _____

8. $\frac{5}{12} - \frac{1}{3} =$ _____

9. $\frac{3}{5} - \frac{1}{2} =$ _____

Resolución de problemas • Aplicaciones

10. **PRÁCTICA MATEMÁTICA 3 Compara representaciones** Explica de qué manera tu modelo de $\frac{3}{5} - \frac{1}{2}$ se diferencia de tu modelo de $\frac{3}{5} - \frac{3}{10}$.

_____

_____

11. **MÁS AL DETALLE** La parte sombreada del diagrama representa lo que a Tina le sobró de una yarda de tela. Ahora está usando $\frac{1}{3}$ de yarda para un proyecto y $\frac{1}{6}$ de yarda para otro proyecto. ¿Qué cantidad de tela de la yarda original le sobrará a Tina después de terminar los dos proyectos? Escribe el resultado en su mínima expresión.

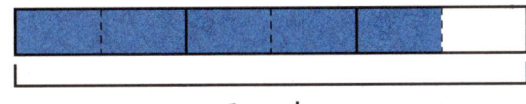

1 yarda

_____

Capítulo 6 • Lección 2 359

PRÁCTICAS MATEMÁTICAS   COMUNICAR • PERSEVERAR • CONSTRUIR ARGUMENTOS

Soluciona el problema

12. PIENSA MÁS En la ilustración de la derecha se muestra la cantidad de pizza que quedó del almuerzo. Jason come $\frac{1}{4}$ de la pizza entera durante la cena. Escribe una fracción que represente la cantidad de pizza que queda después de la cena.

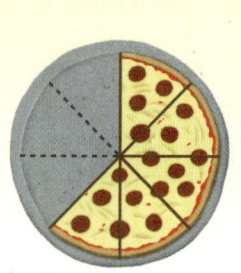

a. ¿Qué problema debes resolver? _____

_____

b. ¿Cómo usarás el diagrama para resolver el problema? _____

_____

_____

c. Jason come $\frac{1}{4}$ de la pizza entera. ¿Cuántos trozos come? _____

d. Dibuja nuevamente el diagrama de la pizza. Sombrea las secciones de pizza que quedan después de que Jason cena.

e. Completa la oración.

Quedan _____ de pizza después de la cena.

---

13. PIENSA MÁS La parte sombreada del diagrama representa lo que le sobró a Margie de un rollo de cartulina que medía una yarda. Usará $\frac{3}{4}$ de yarda de cartulina para hacer un póster. Quiere determinar qué cantidad de cartulina le sobrará después de hacer el póster. En los números 13a a 13c, elige Verdadero o Falso para cada oración.

1 yd

13a. Para determinar cuánta cartulina le sobrará después de hacer el póster, Margie debe hallar $1 - \frac{3}{4}$. ○ Verdadero   ○ Falso

13b. Las fracciones $\frac{3}{4}$ y $\frac{6}{8}$ son equivalentes.   ○ Verdadero   ○ Falso

13c. A Margie le sobrará $\frac{1}{8}$ de yarda de cartulina.   ○ Verdadero   ○ Falso

360

Práctica y tarea
Lección 6.2

Nombre _____

La resta con denominadores distintos

ESTÁNDARES COMUNES—5.NF.A.2
Utilizan las fracciones equivalentes como una estrategia para sumar y restar fracciones.

Usa tiras fraccionarias para hallar la diferencia. Escribe el resultado en su mínima expresión.

1. $\dfrac{1}{2} - \dfrac{1}{3}$

   $\dfrac{1}{2} - \dfrac{1}{3} = \dfrac{3}{6} - \dfrac{2}{6} = \dfrac{1}{6}$

   $\dfrac{1}{6}$
   _____

2. $\dfrac{3}{4} - \dfrac{3}{8}$

   _____

3. $\dfrac{7}{8} - \dfrac{1}{2}$

   _____

4. $\dfrac{1}{2} - \dfrac{1}{5}$

   _____

5. $\dfrac{2}{3} - \dfrac{1}{4}$

   _____

6. $\dfrac{4}{5} - \dfrac{1}{2}$

   _____

7. $\dfrac{3}{4} - \dfrac{1}{3}$

   _____

8. $\dfrac{5}{8} - \dfrac{1}{2}$

   _____

9. $\dfrac{7}{10} - \dfrac{1}{2}$

   _____

Resolución de problemas · En el mundo

10. A Ámber le quedaron $\dfrac{3}{8}$ de un pastel que hizo para su fiesta. Envolvió $\dfrac{1}{4}$ del pastel original para dárselo a su mejor amiga. ¿Qué parte fraccionaria le quedó a Ámber?

    _____

11. Wesley compró $\dfrac{1}{2}$ libra de clavos para un proyecto. Cuando terminó el proyecto, le quedó $\dfrac{1}{4}$ de libra de los clavos. ¿Cuántas libras de clavos usó?

    _____

12. **ESCRIBE** *Matemáticas* Explica en qué se diferencia la representación de la resta con tiras fraccionarias de la representación de la suma con tiras fraccionarias.

    _____

    _____

Capítulo 6 361

Repaso de la lección (5.NF.A.2)

1. Según una receta para hacer un pastel de carne, se necesita $\frac{7}{8}$ de taza de miga de pan para el pastel y la cobertura. Si se usa $\frac{3}{4}$ de taza para el pastel, ¿qué fracción de taza se usa para la cobertura?

2. Hannah compró $\frac{3}{4}$ de yarda de fieltro para un proyecto. Usó $\frac{1}{8}$ de yarda. ¿Qué fracción de yarda de fieltro le quedó?

Repaso en espiral (5.NBT.A.2, 5.NBT.A.4, 5.NBT.B.7, 5.NF.B.3)

3. Jasmine corrió una carrera en 34.287 minutos. Redondea ese tiempo al décimo de minuto más próximo.

4. El Club de Arte realizará un evento para juntar fondos al que asistirán 198 personas. Si a cada mesa pueden sentarse 12 personas, ¿cuál es la menor cantidad de mesas que se necesitan?

5. En un día, Sam gastó $4.85 en el almuerzo. También compró 2 libros por $7.95 cada uno. Al final del día, a Sam le quedaban $8.20. ¿Cuánto dinero tenía al comienzo del día?

6. ¿Cuál es el producto de 7.5 y 1,000?

Nombre _____

Lección **6.3**

Estimar sumas y diferencias de fracciones

Pregunta esencial ¿Cómo puedes hacer estimaciones razonables de sumas y diferencias de fracciones?

Estándares comunes Números y operaciones—Fracciones—5.NF.A.2
PRÁCTICAS MATEMÁTICAS
MP2, MP3, MP6

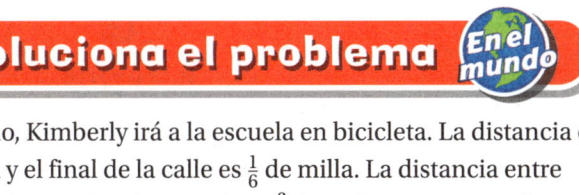

Este año, Kimberly irá a la escuela en bicicleta. La distancia entre su casa y el final de la calle es $\frac{1}{6}$ de milla. La distancia entre el final de la calle y la escuela es $\frac{3}{8}$ de milla. ¿Aproximadamente a qué distancia está la casa de Kimberly de la escuela?

Puedes redondear fracciones a 0, $\frac{1}{2}$ o 1 y usarlas como puntos de referencia para hallar estimaciones razonables.

 Usa una recta numérica.

Estima. $\frac{1}{6} + \frac{3}{8}$

PASO 1 Coloca un punto en $\frac{1}{6}$ sobre la recta numérica.

La fracción está entre _____ y _____.

La fracción $\frac{1}{6}$ está más cerca del punto de

referencia _____.

Redondea a _____.

PASO 2 Coloca un punto en $\frac{3}{8}$ sobre la recta numérica.

La fracción está entre _____ y _____.

La fracción $\frac{3}{8}$ está más cerca del punto

de referencia _____.

Redondea a _____.

PASO 3 Suma las fracciones redondeadas.

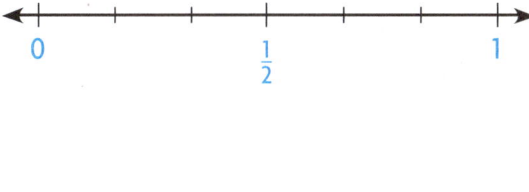

Entonces, la casa de Kimberly está aproximadamente a _____ de milla de la escuela.

Capítulo 6   363

De otra manera Usa el cálculo mental.

Puedes comparar el numerador y el denominador para redondear una fracción y hallar una estimación razonable.

Estima. $\frac{9}{10} - \frac{5}{8}$

PASO 1 Redondea $\frac{9}{10}$. **Piensa:** El numerador es casi igual al denominador.

Redondea la fracción $\frac{9}{10}$ a _____.

Recuerda
Una fracción con el mismo numerador y denominador, como $\frac{2}{2}$, $\frac{5}{5}$, $\frac{12}{12}$ o $\frac{96}{96}$, es igual a 1.

PASO 2 Redondea $\frac{5}{8}$. **Piensa:** El numerador es alrededor de la mitad del denominador.

Redondea la fracción $\frac{5}{8}$ a _____.

PASO 3 Resta.

$$\frac{9}{10} \rightarrow $$
$$-\frac{5}{8} \rightarrow -$$

Charla matemática PRÁCTICAS MATEMÁTICAS ⑥

Explica otra manera de usar puntos de referencia para estimar $\frac{9}{10} - \frac{5}{8}$.

Entonces, $\frac{9}{10} - \frac{5}{8}$ es aproximadamente _____.

¡Inténtalo! Estima.

A $2\frac{7}{8} - \frac{2}{5}$

B $1\frac{8}{9} + 4\frac{8}{10}$

Nombre _____

Comparte y muestra

Estima la suma o la diferencia.

1. $\frac{5}{6} + \frac{3}{8}$

   a. Redondea $\frac{5}{6}$ al punto de referencia más próximo. _____

   b. Redondea $\frac{3}{8}$ al punto de referencia más próximo. _____

   c. Suma para hallar la estimación. _____ + _____ = _____

2. $\frac{5}{9} - \frac{3}{8}$

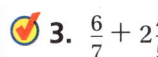 3. $\frac{6}{7} + 2\frac{4}{5}$

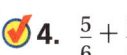 4. $\frac{5}{6} + \frac{2}{5}$

Charla matemática

PRÁCTICAS MATEMÁTICAS 2

Razona de forma cuantitativa
Explica cómo sabes si tu estimación para $\frac{9}{10} + 3\frac{6}{7}$ sería mayor o menor que la suma real.

Por tu cuenta

Estima la suma o la diferencia.

5. $\frac{5}{8} - \frac{1}{5}$

6. $\frac{1}{6} + \frac{3}{8}$

7. $\frac{6}{7} - \frac{1}{5}$

8. $\frac{11}{12} + \frac{6}{10}$

9. $\frac{9}{10} - \frac{1}{2}$

10. $\frac{3}{6} + \frac{4}{5}$

11. **MÁS AL DETALLE** Lisa y Valerie hicieron una merienda al aire libre en el Parque Estatal Trough Creek, en Pennsylvania. Lisa llevó una ensalada que hizo con $\frac{3}{4}$ de taza de fresas, $\frac{7}{8}$ de taza de duraznos y $\frac{1}{6}$ de taza de arándanos. Comieron $\frac{11}{12}$ de taza de ensalada. ¿Cuántas tazas de ensalada de fruta sobraron?

_____

Capítulo 6 • Lección 3 365

PRÁCTICAS MATEMÁTICAS   ANALIZAR • BUSCAR ESTRUCTURAS • PRECISIÓN

Resolución de problemas • Aplicaciones

12. **PIENSA MÁS** En el Parque Estatal Trace, en Mississippi, hay un sendero para bicicletas de 40 millas. Tommy recorrió $\frac{1}{2}$ del sendero el sábado y $\frac{1}{5}$ del sendero el domingo. Él estima que recorrió más de 22 millas los dos días en total. ¿Es razonable la estimación de Tommy?

_____

_____

13. **PRÁCTICA MATEMÁTICA 3 Argumenta** Explica cómo sabes que $\frac{5}{8} + \frac{6}{10}$ es mayor que 1.

_____

_____

_____

14. **ESCRIBE** ▸ _Matemáticas_ Nick estimó que $\frac{5}{8} + \frac{4}{7}$ es aproximadamente 2. Explica cómo sabes que su estimación no es razonable.

_____

_____

15. **PIENSA MÁS** Aisha pintó durante $\frac{5}{6}$ de hora en la mañana y $2\frac{1}{5}$ horas en la tarde. Estima durante cuánto tiempo pintó Aisha. En los números 15a a 15c, elige el número que hace que la oración sea verdadera.

15a. Aisha pintó durante aproximadamente [0 / $\frac{1}{2}$ / 1] hora en la mañana.

15b. Aisha pintó durante aproximadamente [1 / 2 / $2\frac{1}{2}$ / 3] hora(s) en la tarde.

15c. Aisha pintó durante aproximadamente [1 / 2 / $2\frac{1}{2}$ / 3] horas en la mañana y en la tarde.

366

Nombre _____

Estimar sumas y diferencias de fracciones

**Práctica y tarea
Lección 6.3**

ESTÁNDAR COMÚN—5.NF.A.2
Utilizan las fracciones equivalentes como una estrategia para sumar y restar fracciones.

Estima la suma o la diferencia.

1. $\frac{1}{2} - \frac{1}{3}$

   Piensa: $\frac{1}{3}$ está más cerca de $\frac{1}{2}$ que de 0.

   Estimación: __0__

2. $\frac{1}{8} + \frac{1}{4}$

   Estimación: _____

3. $\frac{4}{5} - \frac{1}{2}$

   Estimación: _____

4. $2\frac{3}{5} - 1\frac{3}{8}$

   Estimación: _____

5. $\frac{1}{5} + \frac{3}{7}$

   Estimación: _____

6. $\frac{2}{5} + \frac{2}{3}$

   Estimación: _____

7. $2\frac{2}{3} + \frac{3}{4}$

   Estimación: _____

8. $1\frac{7}{8} - 1\frac{1}{2}$

   Estimación: _____

9. $4\frac{1}{8} - \frac{3}{4}$

   Estimación: _____

Resolución de problemas  En el mundo

10. Para hacer una ensalada de frutas, Jenna mezcló $\frac{3}{8}$ de taza de pasas, $\frac{7}{8}$ de taza de naranjas y $\frac{3}{4}$ de taza de manzanas. ¿Aproximadamente cuántas tazas de frutas hay en la ensalada?

    _____
    _____

11. Tyler tiene $2\frac{7}{16}$ yardas de tela. Usa $\frac{3}{4}$ de yarda para hacer un chaleco. ¿Aproximadamente cuánta tela le queda?

    _____
    _____

12. **ESCRIBE** *Matemáticas* Escribe un ejemplo para hallar una estimación de suma o resta de fracciones en vez de una respuesta exacta.

    _____
    _____

Capítulo 6   367

Repaso de la lección (5.NF.A.2)

1. La casa de Helen está ubicada en un terreno rectangular que mide $1\frac{1}{8}$ millas por $\frac{9}{10}$ de milla. Estima la distancia alrededor del terreno.

2. Keith compró un paquete de $2\frac{9}{16}$ libras de carne molida para hacer hamburguesas. Le quedan $\frac{2}{5}$ de libra de carne molida. ¿Aproximadamente cuántas libras de carne molida usó para hacer las hamburguesas?

Repaso en espiral (5.NBT.B.5, 5.NBT.B.7, 5.NF.B.3)

3. Jason compró dos cajas de clavos idénticas. Una caja pesa 168 onzas. ¿Cuál es el peso total en onzas de los clavos que compró Jason?

4. Hank quiere repartir 345 trozos de cartulina en partes iguales entre sus 23 compañeros. ¿Cuántos trozos quedarán sin repartir?

5. ¿Cuál es la estimación más razonable para $23.63 \div 6$?

6. ¿Cuál es la regla para la siguiente secuencia?

   1.8, 2.85, 3.90, 4.95, 6

Nombre _____

Lección 6.4

Denominadores comunes y fracciones equivalentes

Estándares comunes Números y operaciones—Fracciones— 5.NF.A.1
También 5.OA.A.2
PRÁCTICAS MATEMÁTICAS
MP2, MP4, MP6

Pregunta esencial ¿Cómo puedes volver a escribir un par de fracciones para que tengan un denominador común?

🔑 Soluciona el problema

Sara plantó dos jardines de 1 acre. Uno tenía 3 secciones de flores y el otro tenía 4 secciones de flores. Planea dividir ambos jardines en más secciones para que tengan el mismo número de secciones de igual tamaño. ¿Cuántas secciones tendrá cada jardín?

Puedes usar un **denominador común** o un múltiplo común de dos o más denominadores para escribir fracciones que indiquen la misma parte de un entero.

🔑 De una manera Multiplica los denominadores.

PIENSA

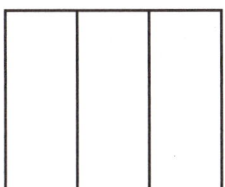   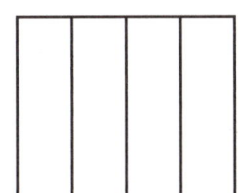

Divide cada $\frac{1}{3}$ en cuartos y cada $\frac{1}{4}$ en tercios; cada entero quedará dividido en partes del mismo tamaño, doceavos.

ANOTA

• Multiplica los denominadores para hallar un denominador común.

Un denominador común de $\frac{1}{3}$ y $\frac{1}{4}$ es _____.

• Usa el denominador común para escribir $\frac{1}{3}$ y $\frac{1}{4}$ como fracciones equivalentes.

$\frac{1}{3} =$ ☐ $\frac{1}{4} =$ ☐

Entonces, ambos jardines tendrán _____ secciones.

🔑 De otra manera Usa una lista.

• Haz una lista de los primeros ocho múltiplos de 3 y 4 que sean distintos de cero.

Múltiplos de 3: 3, 6, 9, _____, _____, _____, _____, _____

Múltiplos de 4: 4, 8, _____, _____, _____, _____, _____, _____

• Encierra en un círculo los múltiplos comunes.

• Usa uno de los múltiplos comunes como denominador común y escribe fracciones equivalentes para $\frac{1}{3}$ y $\frac{1}{4}$.

$\frac{1}{3} =$ _____ $\frac{1}{4} =$ _____

Entonces, ambos jardines pueden tener _____ o _____ secciones.

Charla matemática  **PRÁCTICAS MATEMÁTICAS 6**
Usa vocabulario matemático
Explica qué representa un denominador común de dos fracciones.

Capítulo 6 369

Mínimo común denominador Halla el mínimo común múltiplo de dos o más números para hallar el mínimo común denominador de dos o más fracciones.

Ejemplo Usa el mínimo común denominador.

Halla el mínimo común denominador de $\frac{3}{4}$ y $\frac{1}{6}$. Usa el mínimo común denominador y escribe una fracción equivalente para cada fracción.

PASO 1 Haz una lista de los múltiplos distintos de cero de los denominadores. Halla el mínimo común múltiplo.

Múltiplos de 4: _____

Múltiplos de 6: _____

Entonces, el mínimo común denominador de $\frac{3}{4}$ y $\frac{1}{6}$ es _____.

PASO 2 Usa el mínimo común denominador para escribir una fracción equivalente para cada fracción.

Piensa: ¿Qué número multiplicado por el denominador de la fracción dará como resultado el mínimo común denominador?

$\frac{3}{4} = \frac{?}{12} = \frac{3 \times 3}{4 \times 3} = \frac{\square}{\square}$ ← mínimo común denominador

$\frac{1}{6} = \frac{?}{12} = \frac{1 \times \square}{6 \times \square} = \frac{\square}{\square}$ ← mínimo común denominador

$\frac{3}{4}$ se puede volver a escribir como _____ y $\frac{1}{6}$ se puede volver a escribir como _____.

Comparte y muestra

Charla matemática PRÁCTICAS MATEMÁTICAS 6

Explica dos métodos para hallar el denominador común de dos fracciones.

1. Halla el denominador común de $\frac{1}{6}$ y $\frac{1}{9}$. Vuelve a escribir el par de fracciones con el denominador común.

    • Multiplica los denominadores.
      Un denominador común de $\frac{1}{6}$ y $\frac{1}{9}$ es _____

    • Vuelve a escribir el par de fracciones con el denominador común.

    $\frac{1}{6} = \frac{\square}{\square}$ $\frac{1}{9} = \frac{\square}{\square}$

Usa un denominador común para escribir una fracción equivalente para cada fracción.

2. $\frac{1}{3}, \frac{1}{5}$ denominador común: _____

3. $\frac{2}{3}, \frac{5}{9}$ denominador común: _____

4. $\frac{2}{9}, \frac{1}{15}$ denominador común: _____

Nombre _____

Por tu cuenta

Práctica: Copia y resuelve Usa el mínimo común denominador y escribe una fracción equivalente para cada fracción.

5. $\frac{5}{9}, \frac{4}{15}$ 6. $\frac{1}{6}, \frac{4}{21}$ 7. $\frac{5}{14}, \frac{8}{42}$ 8. $\frac{7}{12}, \frac{5}{18}$

PRÁCTICA MATEMÁTICA ② Razona Álgebra Escribe el número desconocido para cada ■.

9. $\frac{1}{5}, \frac{1}{8}$ mínimo común denominador: ■

   ■ = _____

10. $\frac{2}{5}, \frac{1}{■}$ mínimo común denominador: 15

    ■ = _____

11. $\frac{3}{■}, \frac{5}{6}$ mínimo común denominador: 42

    ■ = _____

12. **PIENSA MÁS** Arnold tenía tres hilos de diferentes colores y todos tenían la misma longitud. Arnold cortó el hilo azul en 2 pedazos de la misma longitud. Cortó el hilo rojo en 3 pedazos de la misma longitud, y el hilo verde en 6 pedazos de la misma longitud. Debe cortar los hilos de modo que cada color tenga la misma cantidad de partes de la misma longitud. ¿Cuál es la cantidad mínima de pedazos de la misma longitud de cada color que podrían tener los hilos de colores?

_____

13. **MÁS AL DETALLE** Una bandeja de barras de granola se cortó en 4 partes iguales. Una segunda bandeja se cortó en 12 partes iguales, y una tercera se cortó en 8 partes iguales. Jan quiere seguir cortando hasta que las tres bandejas tengan la misma cantidad de partes. ¿Cuántas partes habrá en cada bandeja?

_____

14. **MÁS AL DETALLE** El señor Nickelson pide a la clase que dupliquen el mínimo común denominador por $\frac{1}{2}, \frac{3}{5}$ y $\frac{9}{15}$ para hallar el número del día. ¿Qué número es el número del día?

_____

Capítulo 6 • Lección 4   371

Soluciona el problema · En el mundo

15. Katie hizo dos tartas para la feria de pastelería. Una la cortó en 3 trozos iguales y, la otra, en 5 trozos iguales. Seguirá cortando las tartas hasta que ambas tengan igual número de trozos del mismo tamaño. ¿Cuál es el menor número de trozos del mismo tamaño que podría tener cada tarta?

a. ¿Qué información tienes? _____

b. ¿Qué problema debes resolver? _____

c. Cuando Katie corte las tartas aún más, ¿podrá cortar cada tarta el mismo número de veces y lograr que todos los trozos tengan el mismo tamaño? Explícalo.

d. Usa el diagrama para mostrar los pasos que seguiste para resolver el problema.

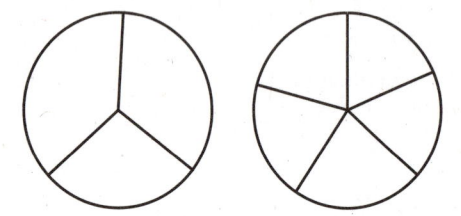

e. Completa las oraciones.

El mínimo común denominador de

$\frac{1}{3}$ y $\frac{1}{5}$ es _____.

Katie puede cortar cada trozo de la primera tarta en _____ y cada trozo de la segunda tarta en _____ .

Significa que Katie puede cortar cada tarta en trozos que sean _____ de la tarta entera.

16. **PIENSA MÁS** Mindy compró $\frac{5}{8}$ de libra de almendras y $\frac{3}{4}$ de libra de nueces. Selecciona los pares de fracciones que son equivalentes a la cantidad que compró Mindy. Marca todas las opciones que correspondan.

Ⓐ $\frac{5}{8}$ y $\frac{6}{8}$ Ⓑ $\frac{10}{16}$ y $\frac{14}{16}$ Ⓒ $\frac{20}{32}$ y $\frac{23}{32}$ Ⓓ $\frac{15}{24}$ y $\frac{18}{24}$

Práctica y tarea
Lección 6.4

Nombre _____

Denominadores comunes y fracciones equivalentes

ESTÁNDAR COMÚN—5.NF.A.1
Utilizan las fracciones equivalentes como una estrategia para sumar y restar fracciones.

Usa un denominador común y escribe una fracción equivalente para cada fracción.

1. $\frac{1}{5}, \frac{1}{2}$ denominador común: __10__

   Piensa: 10 es múltiplo de 5 y de 2. Halla fracciones equivalentes con denominador 10.

   _____

2. $\frac{1}{4}, \frac{2}{3}$ denominador común: _____

   _____

3. $\frac{5}{6}, \frac{1}{3}$ denominador común: _____

   _____

4. $\frac{3}{5}, \frac{1}{3}$ denominador común: _____

   _____

5. $\frac{1}{2}, \frac{3}{8}$ denominador común: _____

   _____

6. $\frac{1}{6}, \frac{1}{4}$ denominador común: _____

   _____

Usa el mínimo común denominador y escribe una fracción equivalente para cada fracción.

7. $\frac{5}{6}, \frac{2}{9}$

   _____

8. $\frac{1}{12}, \frac{3}{8}$

   _____

9. $\frac{5}{9}, \frac{2}{15}$

   _____

Resolución de problemas · En el mundo

10. Elena toca el piano $\frac{2}{3}$ de hora cada día. También corre $\frac{1}{2}$ hora. ¿Cuál es el mínimo común denominador de las fracciones?

    _____

11. En un experimento de ciencias, una planta creció $\frac{3}{4}$ de pulgada una semana y $\frac{1}{2}$ pulgada la semana siguiente. Usa un denominador común y escribe una fracción equivalente para cada fracción.

    _____

12. **ESCRIBE** *Matemáticas* Describe cómo volverías a escribir las fracciones $\frac{1}{6}$ y $\frac{1}{4}$ con un mínimo común denominador.

    _____

Capítulo 6   373

Repaso de la lección (5.NF.A.1)

1. Escribe un par de fracciones que usen el mínimo común denominador y sean equivalentes a $\frac{9}{10}$ y $\frac{5}{6}$.

2. Joseph dice que quedan $\frac{5}{8}$ de un sándwich de jamón y $\frac{1}{2}$ de un sándwich de pavo. ¿Qué par de fracciones NO son equivalentes a $\frac{5}{8}$ y $\frac{1}{2}$?

Repaso en espiral (5.OA.A.1, 5.NBT.A.3b, 5.NBT.B.6, 5.NBT.B.7)

3. Matthew hizo los siguientes tiempos en dos carreras: 3.032 minutos y 3.023 minutos. Usa >, < o = para hacer que el enunciado sea verdadero.

   3.032 ◯ 3.023

4. Los estudiantes de la clase de Olivia juntaron 3,591 tapas de botellas en 57 días. En promedio, ¿cuántas tapas de botellas juntaron por día?

5. Elizabeth multiplicó 0.63 por 1.8. ¿Cuál es el producto correcto?

6. ¿Cuál es el valor de $(17 + 8) - 6 \times 2$?

Nombre _____

Sumar y restar fracciones

Pregunta esencial ¿Cómo puedes usar un denominador común para sumar y restar fracciones con denominadores distintos?

RELACIONA Puedes usar lo que has aprendido sobre los denominadores comunes para sumar o restar fracciones con denominadores distintos.

Lección 6.5

Estándares comunes — Números y operaciones—Fracciones—5.NF.A.1
También 5.NF.A.2
PRÁCTICAS MATEMÁTICAS
MP1, MP2, MP3

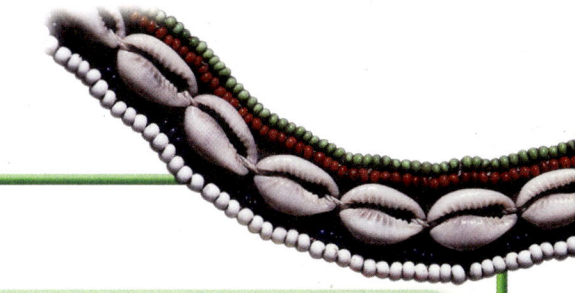

Soluciona el problema · En el mundo

Malia compró cuentas de conchas y cuentas de vidrio para aplicar diseños en sus canastas. Compró $\frac{1}{4}$ de libra de cuentas de conchas y $\frac{3}{8}$ de libra de cuentas de vidrio. ¿Cuántas libras de cuentas compró?

- Subraya la pregunta que debes responder.
- Encierra en un círculo la información que vas a usar.

🔑 Suma. $\frac{1}{4} + \frac{3}{8}$ Escribe el resultado en su mínima expresión.

De una manera

Multiplica los denominadores para hallar un denominador común.

$4 \times 8 =$ _____ ← denominador común

Usa el denominador común para escribir fracciones equivalentes con denominadores semejantes. Luego suma y escribe el resultado en su mínima expresión.

$$\frac{1}{4} = \frac{1 \times }{4 \times } = $$

$$+\frac{3}{8} = +\frac{3 \times }{8 \times } = +$$

$$= $$

De otra manera

Halla el mínimo común denominador.

El mínimo común denominador de $\frac{1}{4}$ y $\frac{3}{8}$ es _____.

$$\frac{1}{4} = \frac{1 \times }{4 \times } = $$

$$+\frac{3}{8} +$$

Entonces, Malia compró _____ de libra de cuentas.

1. **PRÁCTICA MATEMÁTICA 1 Evalúa si es razonable** Explica cómo sabes si tu resultado es razonable.

_____
_____

Capítulo 6 375

🔑 Ejemplo

Para restar dos fracciones con denominadores distintos, sigue los mismos pasos que seguiste al sumar dos fracciones, pero en lugar de sumar las fracciones, réstalas.

Resta. $\frac{9}{10} - \frac{2}{5}$ Escribe el resultado en su mínima expresión.

$$\frac{9}{10} =$$

$$-\frac{2}{5} =$$

Describe los pasos que seguiste para resolver el problema.

_____

_____

_____

_____

2. PRÁCTICA MATEMÁTICA ① Evalúa si es razonable Explica cómo sabes si tu resultado es razonable.

_____

_____

Comparte y muestra MATH BOARD

Halla la suma o la diferencia. Escribe el resultado en su mínima expresión.

1. $\frac{5}{12} + \frac{1}{3}$

2. $\frac{2}{5} + \frac{3}{7}$

✓ 3. $\frac{1}{6} + \frac{3}{4}$

4. $\frac{3}{4} - \frac{1}{8}$

5. $\frac{1}{4} - \frac{1}{7}$

✓ 6. $\frac{9}{10} - \frac{1}{4}$

Charla matemática PRÁCTICAS MATEMÁTICAS ②

Usa el razonamiento ¿Por qué es importante comprobar si tu resultado es razonable?

Nombre _____

Por tu cuenta

Práctica: Copia y resuelve Halla la suma o diferencia. Escribe el resultado en su mínima expresión.

7. $\frac{1}{3} + \frac{4}{18}$
8. $\frac{3}{5} + \frac{1}{3}$
9. $\frac{3}{10} + \frac{1}{6}$
10. $\frac{1}{2} + \frac{4}{9}$

11. $\frac{1}{2} - \frac{3}{8}$
12. $\frac{5}{7} - \frac{2}{3}$
13. $\frac{4}{9} - \frac{1}{6}$
14. $\frac{11}{12} - \frac{7}{15}$

PRÁCTICA MATEMÁTICA 2 Usa el razonamiento **Álgebra** Halla el número desconocido.

15. $\frac{9}{10} - \blacksquare = \frac{1}{5}$

16. $\frac{5}{12} + \blacksquare = \frac{1}{2}$

$\blacksquare =$ _____

$\blacksquare =$ _____

Resolución de problemas • Aplicaciones

Usa la ilustración para resolver los problemas 17 y 18.

17. Sara está usando el diseño de cuentas que se muestra en la ilustración para hacer un llavero. ¿Qué fracción de las cuentas de su diseño son rojas o azules?

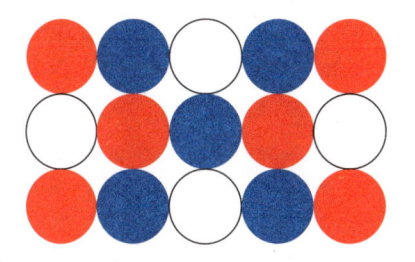

_____

18. **PIENSA MÁS** Para hacer el llavero, Sara usa 3 veces el diseño de cuentas. Una vez que el llavero esté terminado, ¿cuál será la fracción de cuentas blancas y azules juntas del llavero?

_____

19. **MÁS AL DETALLE** Tom tiene 7/8 de taza de aceite de oliva. Usa $\frac{1}{2}$ taza para hacer un aderezo para ensaladas y $\frac{1}{4}$ de taza para hacer salsa de tomate. ¿Cuánto aceite de oliva le queda a Tom?

_____

Capítulo 6 • Lección 5   377

20. **MÁS AL DETALLE** El viernes, la banda escolar se probó los uniformes durante $\frac{1}{6}$ del tiempo del ensayo. La banda practicó cómo desfilar durante $\frac{1}{4}$ del tiempo del ensayo. Durante el tiempo que quedó del ensayo, tocaron música. ¿Qué fracción del tiempo de ensayo tocaron música?

_____

21. **PRÁCTICA MATEMÁTICA ③** **Verifica el razonamiento de otros** Jaime tenía $\frac{4}{5}$ de una bobina de cordel. Luego usó $\frac{1}{2}$ de la bobina de cordel para hacer nudos de la amistad. Jaime dice que le quedan $\frac{3}{10}$ de la bobina de cordel original. Explica cómo sabes si la afirmación de Jaime es razonable.

_____

_____

_____

_____

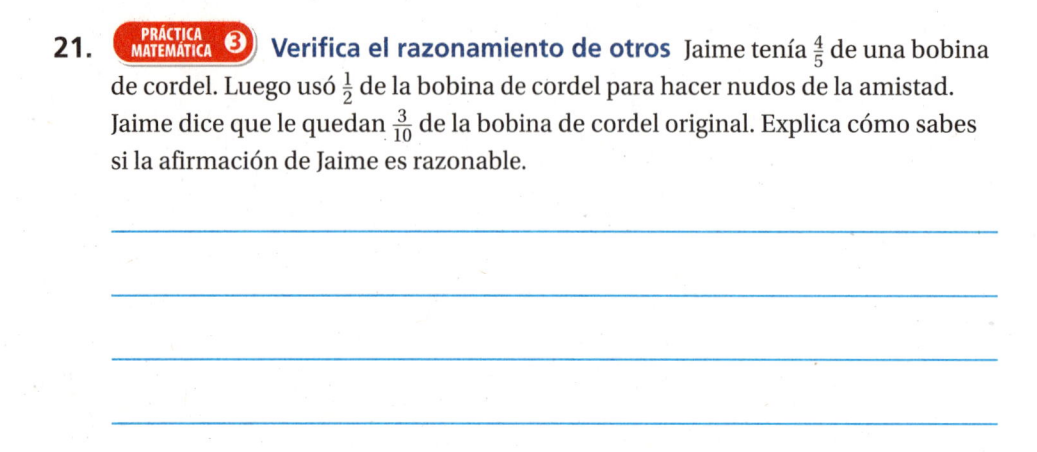

22. **PIENSA MÁS** El Sr. Barber usó $\frac{7}{9}$ de yarda de alambre para colocar un ventilador de techo. Usó $\frac{1}{3}$ de yarda de alambre para fijar un interruptor.

Completa los siguientes cálculos para escribir fracciones equivalentes con un denominador común.

$$\frac{7}{9} = \frac{7 \times \boxed{}}{9 \times \boxed{}} = \frac{\boxed{}}{\boxed{}} \qquad \frac{1}{3} = \frac{1 \times \boxed{}}{3 \times \boxed{}} = \frac{\boxed{}}{\boxed{}}$$

¿Qué cantidad de alambre usó en total el Sr. Barber para colocar el ventilador de techo y para fijar el interruptor? Explica cómo hallaste el resultado.

_____

_____

_____

Nombre _____

Sumar y restar fracciones

**Práctica y tarea
Lección 6.5**

ESTÁNDAR COMÚN—5.NF.A.1
Utilizan las fracciones equivalentes como una estrategia para sumar y restar fracciones.

Halla la suma o la diferencia. Escribe el resultado en su mínima expresión.

1. $\dfrac{1}{2} - \dfrac{1}{7}$

$\dfrac{1}{2} \rightarrow \dfrac{7}{14}$
$-\dfrac{1}{7} \rightarrow -\dfrac{2}{14}$
_____
$\dfrac{5}{14}$

2. $\dfrac{7}{10} - \dfrac{1}{2}$

_____

3. $\dfrac{1}{6} + \dfrac{1}{2}$

_____

4. $\dfrac{5}{8} + \dfrac{2}{5}$

_____

5. $\dfrac{9}{10} - \dfrac{1}{3}$

_____

6. $\dfrac{3}{4} - \dfrac{2}{5}$

_____

7. $\dfrac{5}{7} - \dfrac{1}{4}$

_____

8. $\dfrac{7}{8} + \dfrac{1}{3}$

_____

9. $\dfrac{5}{6} + \dfrac{2}{5}$

_____

Resolución de problemas · En el mundo

13. Kaylin mezcló dos líquidos para un experimento de ciencias. Un recipiente contenía $\dfrac{7}{8}$ de taza y el otro contenía $\dfrac{9}{10}$ de taza. ¿Cuál es la cantidad total de la mezcla?

_____

14. Henry compró $\dfrac{1}{4}$ de libra de tornillos y $\dfrac{2}{5}$ de libra de clavos para construir una rampa para patinetas. ¿Cuál es el peso total de los tornillos y los clavos?

_____

12. **ESCRIBE** *Matemáticas* ¿Cómo $\dfrac{1}{2} + \dfrac{1}{4}$ se puede resolver diferente de $\dfrac{1}{2} + \dfrac{1}{3}$?

_____

_____

Capítulo 6   379

Repaso de la lección (5.NF.A.1)

1. Lyle compró $\frac{3}{8}$ de libra de uvas rojas y $\frac{5}{12}$ de libra de uvas verdes. ¿Cuántas libras de uvas compró?

2. Jennifer tenía un cartón que medía $\frac{7}{8}$ de pie. Cortó un trozo de $\frac{1}{4}$ de pie para un proyecto. En pies, ¿cuánto cartón quedó?

Repaso en espiral (5.NBT.B.6, 5.NBT.B.7, 5.NF.B.3)

3. Iván tiene 15 yardas de fieltro verde y 12 yardas de fieltro azul para hacer 3 edredones. Si Iván usa la misma cantidad total de yardas para cada edredón, ¿cuántas yardas de fieltro usa para cada edredón?

4. Ocho camisas idénticas cuestan en total $152. ¿Cuánto cuesta una camisa?

5. Melissa compró un lápiz por $0.34, una goma de borrar por $0.22 y un cuaderno por $0.98. ¿Cuál es la estimación más razonable para la cantidad de dinero que gastó Melissa?

6. Los 12 integrantes del club de caminatas de Dante se repartieron 176 onzas de frutos secos surtidos en partes iguales. ¿Cuántas onzas de frutos secos surtidos recibió cada integrante del club?

Nombre _____

✓ Revisión de la mitad del capítulo

Entrenador personal en matemáticas
Evaluación e intervención en línea

Vocabulario

Vocabulario
- denominador común
- fracciones equivalentes
- múltiplo común

Elige el término del recuadro que mejor corresponda.

1. Un _____ es un número que es múltiplo de dos o más números. (pág. 369)

2. Un _____ es un múltiplo común de dos o más denominadores. (pág. 369)

Conceptos y destrezas

Estima la suma o la diferencia. (5.NF.A.2)

3. $\frac{8}{9} + \frac{4}{7}$

4. $3\frac{2}{5} - \frac{5}{8}$

5. $1\frac{5}{6} + 2\frac{2}{11}$

Usa un denominador común para escribir una fracción equivalente para cada fracción. (5.NF.A.1)

6. $\frac{1}{6}, \frac{1}{9}$ denominador común: _____

7. $\frac{3}{8}, \frac{3}{10}$ denominador común: _____

8. $\frac{1}{9}, \frac{5}{12}$ denominador común: _____

Usa un mínimo común denominador para escribir una fracción equivalente para cada fracción. (5.NF.A.1)

9. $\frac{2}{5}, \frac{1}{10}$ mínimo común denominador: _____

10. $\frac{5}{6}, \frac{3}{8}$ mínimo común denominador: _____

11. $\frac{1}{3}, \frac{2}{7}$ mínimo común denominador: _____

Halla la suma o la diferencia. Escribe el resultado en su mínima expresión. (5.NF.A.1)

12. $\frac{11}{18} - \frac{1}{6}$

13. $\frac{2}{7} + \frac{2}{5}$

14. $\frac{3}{4} - \frac{3}{10}$

Capítulo 6

15. La Sra. Vargas hornea una tarta para la reunión de su club de lectura. La parte sombreada del siguiente diagrama representa la cantidad de tarta que queda después de la reunión. Esa noche, el Sr. Vargas se come $\frac{1}{4}$ de la tarta entera. ¿Qué fracción representa la cantidad de tarta que queda? (5.NF.A.2)

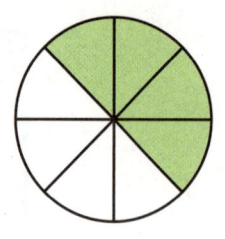

16. *MÁS AL DETALLE* Keisha prepara un sándwich grande para una merienda familiar. Lleva $\frac{1}{2}$ del sándwich a la merienda. Durante la merienda, su familia come $\frac{3}{8}$ del sándwich. ¿Qué fracción del sándwich entero tiene Keisha al regresar de la merienda? (5.NF.A.2)

17. Mike mezcla pintura para las paredes. Mezcla $\frac{1}{6}$ de galón de pintura azul y $\frac{5}{8}$ de galón de pintura verde en un recipiente grande. ¿Qué fracción representa la cantidad total de pintura que mezcla Mike? (5.NF.A.2)

Lección 6.6

Nombre _____

Sumar y restar números mixtos

Pregunta esencial ¿Cómo puedes sumar y restar números mixtos con denominadores distintos?

Estándares comunes Números y operaciones—Fracciones—5.NF.A.1
También 5.NF.A.2
PRÁCTICAS MATEMÁTICAS
MP1, MP2, MP6

Soluciona el problema (En el mundo)

Denise mezcló $1\frac{4}{5}$ de onzas de pintura azul con $2\frac{1}{10}$ de onzas de pintura amarilla. ¿Cuántas onzas de pintura mezcló Denise en total?

- ¿Qué operación debes usar para resolver el problema?
  _____

- ¿Las fracciones tienen el mismo denominador?
  _____

Suma. $1\frac{4}{5} + 2\frac{1}{10}$

Puedes usar un denominador común para hallar la suma de números mixtos con denominadores distintos.

PASO 1 Estima la suma. _____

PASO 2 Halla un denominador común. Usa el denominador común para escribir fracciones equivalentes con denominadores semejantes.

PASO 3 Suma las fracciones. Luego suma los números enteros. Escribe el resultado en su mínima expresión.

$$1\frac{4}{5} = $$
$$+2\frac{1}{10} = +$$

Entonces, Denise mezcló _____ onzas de pintura en total.

Charla matemática **PRÁCTICAS MATEMÁTICAS ②**
Relaciona símbolos y palabras ¿Usaste el mínimo común denominador? Explica.

---

1. **PRÁCTICA MATEMÁTICA ①** **Evalúa si es razonable** Explica cómo sabes si tu resultado es razonable.

   _____
   _____

2. ¿Qué otro denominador común podrías haber usado?

   _____

Capítulo 6 383

Ejemplo

Resta. $4\frac{5}{6} - 2\frac{3}{4}$

También puedes usar un denominador común para hallar la diferencia entre números mixtos con denominadores distintos.

PASO 1 Estima la diferencia. _____

PASO 2 Halla un denominador común. Usa el denominador común para escribir fracciones equivalentes con denominadores semejantes.

PASO 3 Resta las fracciones. Resta los números enteros. Escribe el resultado en su mínima expresión.

$$4\frac{5}{6} = $$
$$-2\frac{3}{4} = -$$

3. **PRÁCTICA MATEMÁTICA ① Evalúa si es razonable** Explica cómo sabes si tu resultado es razonable.

_____

_____

Comparte y muestra

1. Usa un denominador común para escribir fracciones equivalentes con denominadores semejantes y luego halla la suma. Escribe el resultado en su mínima expresión.

$$7\frac{2}{5} = $$
$$+4\frac{3}{4} = +$$

Halla la suma. Escribe el resultado en su mínima expresión.

2. $2\frac{3}{4} + 3\frac{3}{10}$

3. $5\frac{3}{4} + 1\frac{1}{3}$

4. $3\frac{4}{5} + 2\frac{3}{10}$

Nombre _____

Halla la diferencia. Escribe el resultado en su mínima expresión.

5. $9\frac{5}{6} - 2\frac{1}{3}$

6. $10\frac{5}{9} - 9\frac{1}{6}$

7. $7\frac{2}{3} - 3\frac{1}{6}$

PRÁCTICAS MATEMÁTICAS 6

Charla matemática

Explica por qué debes escribir fracciones equivalentes con denominadores comunes para sumar $4\frac{5}{6}$ y $1\frac{1}{8}$.

Por tu cuenta

Halla la suma o la diferencia. Escribe el resultado en su mínima expresión.

8. $1\frac{3}{10} + 2\frac{2}{5}$

9. $8\frac{1}{6} + 7\frac{3}{8}$

10. $2\frac{1}{2} + 2\frac{1}{3}$

11. $12\frac{3}{4} - 6\frac{1}{6}$

12. $2\frac{5}{8} - 1\frac{1}{4}$

13. $14\frac{7}{12} - 5\frac{1}{4}$

Práctica: Copia y resuelve Halla la suma o la diferencia. Escribe el resultado en su mínima expresión.

14. $1\frac{5}{12} + 4\frac{1}{6}$

15. $8\frac{1}{2} + 6\frac{3}{5}$

16. $2\frac{1}{6} + 4\frac{5}{9}$

17. $3\frac{5}{8} + \frac{5}{12}$

18. $3\frac{2}{3} - 1\frac{1}{6}$

19. $5\frac{6}{7} - 1\frac{2}{3}$

20. $2\frac{7}{8} - \frac{1}{2}$

21. $4\frac{7}{12} - 1\frac{2}{9}$

22. **MÁS AL DETALLE** Dakota hace un aderezo para ensalada mezclando en un frasco $6\frac{1}{3}$ de onzas fluidas de aceite y $2\frac{3}{8}$ onzas fluidas de vinagre. Luego vierte $2\frac{1}{4}$ onzas fluidas del aderezo en la ensalada. ¿Cuánto aderezo queda en el frasco?

_____

23. **MÁS AL DETALLE** Esta semana, Maddie trabajó $2\frac{1}{2}$ horas el lunes, $2\frac{2}{3}$ el martes y $3\frac{1}{4}$ el miércoles. ¿Cuántas horas más necesitará trabajar Maddie esta semana para llegar a su meta de $10\frac{1}{2}$ horas a la semana?

_____

Capítulo 6 • Lección 6

Resolución de problemas • Aplicaciones

Usa la tabla para resolver los problemas 24 y 25.

Pintura que usa Gavin (en onzas)

Roja	Amarilla	Tono
$2\frac{5}{8}$	$3\frac{1}{4}$	Amanecer
$3\frac{9}{10}$	$2\frac{3}{8}$	Mandarina
$5\frac{5}{6}$	$5\frac{5}{6}$	Mango

24. PRÁCTICA MATEMÁTICA 2 Razona de forma cuantitativa Gavin planea preparar un lote de pintura del tono Mandarina. Espera contar con un total de $5\frac{3}{10}$ de onzas de pintura después de haber mezclado las cantidades que tiene de pintura roja y amarilla. Explica cómo puedes saber si la expectativa de Gavin es razonable.

_____

_____

_____

25. PIENSA MÁS Gavin mezcla la pintura roja de un tono con la pintura amarilla de otro tono para un proyecto especial. Mezcla el lote para obtener la mayor cantidad de pintura posible. ¿Qué cantidades de pintura roja y amarilla y de qué tonos se usan en la mezcla? Explica tu respuesta.

_____

_____

_____

26. PIENSA MÁS Martín obtuvo el primer puesto en una carrera de 100 metros con un tiempo de $14\frac{23}{100}$ segundos. Samuel obtuvo el segundo puesto con un tiempo de $15\frac{7}{10}$ segundos. De los números 26a a 26d, elige Verdadero o Falso para cada oración.

26a. Un denominador común de los números mixtos es 100. ○ Verdadero ○ Falso

26b. Para hallar la diferencia entre los tiempos de los corredores, el tiempo de Samuel se debe volver a escribir. ○ Verdadero ○ Falso

26c. El tiempo de Samuel escrito con un denominador de 100 es $15\frac{70}{100}$. ○ Verdadero ○ Falso

26d. Martín le ganó a Samuel por $\frac{21}{25}$ de segundo. ○ Verdadero ○ Falso

Sumar y restar números mixtos

Práctica y tarea
Lección 6.6

ESTÁNDAR COMÚN—5.NF.A.1
Utilizan las fracciones equivalentes como una estrategia para sumar y restar fracciones.

Halla la suma o la diferencia. Escribe el resultado en su mínima expresión.

1. $3\frac{1}{2} - 1\frac{1}{5}$

$3\frac{1}{2} \rightarrow 3\frac{5}{10}$
$-1\frac{1}{5} \rightarrow -1\frac{2}{10}$
_____
$2\frac{3}{10}$

2. $2\frac{1}{3} + 1\frac{3}{4}$

3. $4\frac{1}{8} + 2\frac{1}{3}$

4. $5\frac{1}{3} + 6\frac{1}{6}$

5. $2\frac{1}{4} - 1\frac{2}{5}$

6. $5\frac{17}{18} - 2\frac{2}{3}$

7. $6\frac{3}{4} - 1\frac{5}{8}$

8. $5\frac{3}{7} - 2\frac{1}{5}$

Resolución de problemas · En el mundo

9. Jacobi compró $7\frac{1}{2}$ libras de albóndigas. Decidió cocinar $1\frac{1}{4}$ libras y congelar el resto. ¿Cuántas libras congeló?

10. Jill caminó $8\frac{1}{8}$ millas hasta un parque y luego $7\frac{2}{5}$ millas hasta su casa. ¿Cuántas millas caminó en total?

11. **ESCRIBE** *Matemáticas* Escribe tu propio problema usando números mixtos. Muestra la solución.

Repaso de la lección (5.NF.A.1)

1. Ming tiene como objetivo correr $4\frac{1}{2}$ millas por día. El lunes, corrió $5\frac{9}{16}$ millas. ¿En cuánto excedió su objetivo ese día?

   _____

2. En una tienda de comestibles, Ricardo pidió $3\frac{1}{5}$ libras de queso cheddar y $2\frac{3}{4}$ libras de queso *mozzarella*. ¿Cuántas libras de queso pidió en total?

   _____

Repaso en espiral (5.NBT.A.2, 5.NBT.B.6, 5.NBT.B.7)

3. Un teatro tiene 175 butacas. Hay 7 butacas en cada hilera. ¿Cuántas hileras hay?

   _____

4. Durante los primeros 14 días, 2,744 personas visitaron una tienda nueva. La misma cantidad de personas visitó la tienda cada día. ¿Aproximadamente cuántas personas visitaron la tienda cada día?

   _____

5. ¿Qué número es 100 veces más grande que 0.3?

6. Mark dice que el producto de 0.02 y 0.7 es 14. Mark está equivocado. ¿Cuál es el producto?

Lección 6.7

Nombre _____

La resta con conversión

Pregunta esencial ¿Cómo puedes usar la conversión para hallar la diferencia de dos números mixtos?

Estándares comunes
Números y operaciones—
Fracciones—5.NF.A.1
También 5.NF.A.2

PRÁCTICAS MATEMÁTICAS
MP1, MP5, MP6

🔑 Soluciona el problema — En el mundo

Para practicar para una carrera, Kiara corre $2\frac{1}{2}$ millas. Cuando llega al final de su calle, sabe que ya ha recorrido $1\frac{5}{6}$ millas. ¿Cuántas millas le quedan por correr?

- Subraya la oración que indica lo que debes hallar.
- ¿Qué operación debes usar para resolver el problema?

_____

🔑 De una manera Convierte el primer número mixto.

Resta. $2\frac{1}{2} - 1\frac{5}{6}$

PASO 1 Estima la diferencia. _____

PASO 2 Halla un denominador común. Usa el denominador común para escribir fracciones equivalentes con denominadores semejantes.

PASO 3 Convierte $2\frac{6}{12}$ en un número mixto con una fracción mayor que 1.

Piensa: $2\frac{6}{12} = 1 + 1 + \frac{6}{12} = 1 + \frac{12}{12} + \frac{6}{12} = 1\frac{18}{12}$

$2\frac{6}{12} =$ _____

PASO 4 Halla la diferencia entre las fracciones. Luego halla la diferencia entre los números enteros. Escribe el resultado en su mínima expresión. Comprueba si tu resultado es razonable.

$$2\frac{1}{2} = 2\frac{6}{12} = \boxed{}$$

$$-1\frac{5}{6} = -1\frac{10}{12} = -1\frac{10}{12}$$

$$= \boxed{}$$

Entonces, a Kiara le quedan por correr _____ de milla.

- **PRÁCTICA MATEMÁTICA 6** **Explica** por qué es importante escribir fracciones equivalentes antes de hacer la conversión.

_____

_____

Capítulo 6 389

🔑 De otra manera Convierte ambos números mixtos en fracciones mayores que 1.

Resta. $2\frac{1}{2} - 1\frac{5}{6}$

PASO 1 Escribe fracciones equivalentes con un denominador común.

Un denominador común de $\frac{1}{2}$ y $\frac{5}{6}$ es 6.

$2\frac{1}{2} \longrightarrow \boxed{}$

$1\frac{5}{6} \longrightarrow \boxed{}$

PASO 2 Convierte ambos números mixtos en fracciones mayores que 1.

$2\frac{3}{6} = \boxed{}$ Piensa: $\frac{6}{6} + \frac{6}{6} + \frac{3}{6}$

$1\frac{5}{6} = \boxed{}$ Piensa: $\frac{6}{6} + \frac{5}{6}$

PASO 3 Halla la diferencia entre las fracciones. Luego escribe el resultado en su mínima expresión.

$\boxed{} - \boxed{} = \boxed{}$

$= \boxed{}$

$2\frac{1}{2} - 1\frac{5}{6} = \underline{}$

Comparte y muestra MATH BOARD

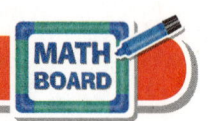

Estima. Luego halla la diferencia y escríbela en su mínima expresión.

✓ 1. Estimación: _____

$4\frac{1}{2} - 3\frac{4}{5}$

✓ 2. Estimación: _____

$9\frac{1}{6} - 2\frac{3}{4}$

Charla matemática PRÁCTICAS MATEMÁTICAS ⑤

Comunica Explica la estrategia que usarías para resolver $3\frac{1}{9} - 2\frac{1}{3}$.

Nombre _____

Por tu cuenta

Estima. Luego halla la diferencia y escríbela en su mínima expresión.

3. Estimación: _____

   $3\frac{2}{3} - 1\frac{11}{12}$

4. Estimación: _____

   $4\frac{1}{4} - 2\frac{1}{3}$

5. Estimación: _____

   $5\frac{2}{5} - 1\frac{1}{2}$

Práctica: Copia y resuelve Halla la diferencia y escríbela en su mínima expresión.

6. $11\frac{1}{9} - 3\frac{2}{3}$

7. $6 - 3\frac{1}{2}$

8. $4\frac{3}{8} - 3\frac{1}{2}$

9. $9\frac{1}{6} - 3\frac{5}{8}$

10. $1\frac{1}{5} - \frac{1}{2}$

11. $13\frac{1}{6} - 3\frac{4}{5}$

12. $12\frac{2}{5} - 5\frac{3}{4}$

13. $7\frac{3}{8} - 2\frac{7}{9}$

14. **MÁS AL DETALLE** La radio pasa tres avisos publicitarios seguidos entre canción y canción. Los tres avisos juntos duran exactamente 3 minutos. Si el primer aviso dura $1\frac{1}{6}$ minutos y el segundo dura $\frac{3}{5}$ minutos, ¿cuánto dura el tercer aviso?

_____

15. **PIENSA MÁS** Cuatro estudiantes hicieron videos para un proyecto de arte. En la tabla se muestra la duración de cada video.

    Empareja cada par de videos con la diferencia correcta entre sus duraciones.

    Video 1 y Video 3   •   • $1\frac{17}{30}$ horas

    Video 2 y Video 3   •   • $1\frac{9}{10}$ horas

    Video 2 y Video 4   •   • $1\frac{11}{12}$ horas

Arte en la naturaleza	
Video	Tiempo (en horas)
1	$4\frac{3}{4}$
2	$4\frac{2}{5}$
3	$2\frac{5}{6}$
4	$2\frac{1}{2}$

Capítulo 6 • Lección 7

Conectar con la Lectura

Resume

Un parque de diversiones de Sandusky, Ohio, tiene 17 montañas rusas asombrosas. Una de ellas alcanza una velocidad de 60 millas por hora y tiene un recorrido de 3,900 pies con muchas curvas. Esta montaña rusa también tiene 3 trenes de 8 hileras cada uno. Caben 4 pasajeros por hilera, lo que da un total de 32 pasajeros por tren.

Los operadores de la montaña rusa registraron la cantidad de pasajeros en cada tren durante una vuelta. En el primer tren, los operadores informaron que se completaron $7\frac{1}{4}$ hileras. En el segundo, las 8 hileras estaban completas y en el tercero, se llenaron $5\frac{1}{2}$ hileras. ¿Cuántas hileras más se completaron en el primer tren que en el tercer tren?

Cuando *resumes*, vuelves a escribir la información más importante de manera abreviada para comprender lo que leíste más fácilmente.

16. PRÁCTICA MATEMÁTICA ① **Analiza** Identifica y resume la información importante que tienes.

_____
_____
_____
_____
_____

Usa el resumen del ejercicio 16 para resolver el problema.

17. Resuelve el problema de arriba.

_____
_____

18. PIENSA MÁS ¿Cuántas hileras vacías había en el primer tren? ¿Cuántos pasajeros más se necesitarían para llenar las hileras vacías? Explica tu respuesta.

_____
_____
_____
_____

392

Práctica y tarea
Lección 6.7

Nombre _____

La resta con conversión

ESTÁNDAR COMÚN—5.NF.A.1
Utilizan las fracciones equivalentes como una estrategia para sumar y restar fracciones.

Estima. Luego halla la diferencia y escríbela en su mínima expresión.

1. Estimación: _____

   $6\frac{1}{3} - 1\frac{2}{5}$

   $6\frac{1}{3} \rightarrow \cancel{6}\cancel{\frac{5}{6}}\frac{20}{15}$
   $-1\frac{2}{5} \rightarrow -1\frac{6}{15}$
   _____
   $4\frac{14}{15}$

2. Estimación: _____

   $4\frac{1}{2} - 3\frac{5}{6}$

3. Estimación: _____

   $9 - 3\frac{7}{8}$

4. Estimación: _____

   $2\frac{1}{6} - 1\frac{2}{7}$

5. Estimación: _____

   $8 - 6\frac{1}{9}$

6. Estimación: _____

   $9\frac{1}{4} - 3\frac{2}{3}$

Resolución de problemas · En el mundo

7. Carlene compró $8\frac{1}{16}$ yardas de cinta para decorar una camisa. Solo usó $5\frac{1}{2}$ yardas. ¿Cuánta cinta le queda?

   _____

8. Durante su primera visita al veterinario, el perrito de Pedro pesaba $6\frac{1}{8}$ libras. En su segunda visita, pesaba $9\frac{1}{16}$ libras. ¿Cuánto peso aumentó el perrito entre las dos visitas?

   _____

7. **ESCRIBE** *Matemáticas* Escribe un problema de resta con números mixtos que requiera conversión. Dibuja un modelo que ilustre los pasos que seguiste para resolver el problema.

   _____
   _____

Capítulo 6

Repaso de la lección (5.NF.A.1)

1. Natalia recogió $7\frac{1}{6}$ bushels de manzanas hoy y $4\frac{5}{8}$ bushels ayer. ¿Cuántos bushels más recogió hoy?

2. Max necesita $10\frac{1}{4}$ tazas de harina para hacer la masa de pizza para la pizzería. Solo tiene $4\frac{1}{2}$ tazas de harina. ¿Cuánta harina más necesita para hacer la masa?

Repaso en espiral (5.NBT.A.1, 5.NBT.A.2, 5.NBT.B.6, 5.NBT.B.7)

3. El contador cobró $35 por la primera hora de trabajo y $23 por cada hora posterior. En total, ganó $127. ¿Cuántas horas trabajó?

4. La liga de fútbol necesita trasladar a sus 133 jugadores al torneo. Si pueden viajar 4 jugadores en un carro, ¿cuántos carros se necesitan?

5. ¿Cómo se escribe quinientos millones ciento quince en forma normal?

6. Halla el cociente.

$$6.39 \div 0.3$$

Nombre _____

ÁLGEBRA
Lección 6.8

Patrones con fracciones

Pregunta esencial ¿Cómo puedes usar la suma o la resta para describir un patrón o crear una secuencia con fracciones?

Estándares comunes Números y operaciones— Fracciones—5.NF.A.1

PRÁCTICAS MATEMÁTICAS
MP1, MP7, MP8

Soluciona el problema · En el mundo

El Sr. Patrick quiere crear una nueva receta de chile para su restaurante. En cada tanda que prepara, usa una cantidad diferente de chile en polvo. En la primera tanda usa $3\frac{1}{2}$ onzas, en la segunda tanda usa $4\frac{5}{6}$ onzas, en la tercera usa $6\frac{1}{6}$ onzas y en la cuarta usa $7\frac{1}{2}$ onzas. Si continúa con este patrón, ¿cuánto chile en polvo usará en la sexta tanda?

Para hallar el patrón de una secuencia, puedes comparar un término con el término que le sigue.

PASO 1 Escribe los términos de la secuencia como fracciones equivalentes con un denominador común. Luego observa la secuencia y compara los términos consecutivos para hallar la regla que se usa para formar la secuencia de fracciones.

$$+1\frac{2}{6}$$

$3\frac{1}{2}, 4\frac{5}{6}, 6\frac{1}{6}, 7\frac{1}{2}, \cdots \rightarrow$ ____ oz, ____ oz, ____ oz, ____ oz

diferencia entre términos

términos con denominador común

tanda 1   tanda 2   tanda 3   tanda 4

PASO 2 Escribe una regla para describir el patrón de la secuencia.

- ¿La secuencia aumenta o disminuye de un término al siguiente? **Explica.**

_____

_____

Regla: _____

PASO 3 Amplía la secuencia para resolver el problema.

$3\frac{1}{2}, 4\frac{5}{6}, 6\frac{1}{6}, 7\frac{1}{2},$ ____ , ____

Entonces, el Sr. Patrick usará _____ de onzas de chile en polvo en la sexta tanda.

Capítulo 6 395

Ejemplo
Halla los términos desconocidos de la secuencia.

$1\frac{3}{4}$, $1\frac{9}{16}$, $1\frac{3}{8}$, $1\frac{3}{16}$, _____, _____, _____, $\frac{7}{16}$, $\frac{1}{4}$

PASO 1 Escribe los términos de la secuencia como fracciones equivalentes con un denominador común.

_____, _____, _____, _____, ?_____, ?_____, ?_____, _____, _____

PASO 2 Escribe una regla para describir el patrón de la secuencia.

- ¿Qué operación puedes usar para describir una secuencia que aumenta?

  _____

- ¿Qué operación puedes usar para describir una secuencia que disminuye?

  _____

Regla: _____

PASO 3 Usa tu regla para hallar los términos desconocidos. Luego completa la secuencia de arriba.

Charla matemática

PRÁCTICAS MATEMÁTICAS 1

Analiza ¿Cómo sabes si tu regla para una secuencia incluye la suma o la resta?

¡Inténtalo!

A Escribe una regla para la secuencia. Luego halla el término desconocido.

$1\frac{1}{12}$, $\frac{5}{6}$, _____, $\frac{1}{3}$, $\frac{1}{12}$

Regla: _____

B Escribe los primeros cuatro términos de la secuencia.

Regla: Comienza con $\frac{1}{4}$, suma $\frac{3}{8}$

_____, _____, _____, _____

Nombre _____

Comparte y muestra

Escribe una regla para la secuencia.

1. $\frac{1}{4}, \frac{1}{2}, \frac{3}{4}, ...$

    Piensa: ¿La secuencia aumenta o disminuye?

    Regla: _____

2. $\frac{1}{9}, \frac{1}{3}, \frac{5}{9}, ...$

    Regla: _____

Escribe una regla para la secuencia. Luego halla el término desconocido.

3. $\frac{3}{10}, \frac{2}{5},$ _____, $\frac{3}{5}, \frac{7}{10}$

    Regla: _____

4. $10\frac{2}{3}, 9\frac{11}{18}, 8\frac{5}{9},$ _____, $6\frac{4}{9}$

    Regla: _____

Por tu cuenta

Escribe los primeros cuatro términos de la secuencia.

5. **Regla:** Comienza en $5\frac{3}{4}$, resta $\frac{5}{8}$

    _____, _____, _____, _____

6. **Regla:** Comienza en $\frac{3}{8}$, suma $\frac{3}{16}$

    _____, _____, _____, _____

7. **Regla:** Comienza en $2\frac{1}{3}$, suma $2\frac{1}{4}$

    _____, _____, _____, _____

8. **Regla:** Comienza en $\frac{8}{9}$, resta $\frac{1}{18}$

    _____, _____, _____, _____

9. **PRÁCTICA MATEMÁTICA 7 Busca un patrón** Vicki comenzó a correr. La primera vez que corrió, corrió $\frac{3}{16}$ de milla. La segunda vez corrió $\frac{3}{8}$ de milla y la tercera vez corrió $\frac{9}{16}$ de milla. Si continúa con este patrón, ¿cuándo será la primera vez que corra más de 1 milla? Explica.

    _____

    _____

    _____

10. **MÁS AL DETALLE** El Sr. Conners manejó $78\frac{1}{3}$ millas el lunes, $77\frac{1}{12}$ millas el martes y $75\frac{5}{6}$ millas el miércoles. Si continúa con este patrón el jueves y el viernes, ¿cuántas millas menos que el martes manejará el viernes?

    _____

Capítulo 6 • Lección 8

Resolución de problemas • Aplicaciones

11. Bill compró una caléndula que medía $\frac{1}{4}$ pulgada de altura. Una semana después, la planta medía $1\frac{1}{12}$ pulgadas de altura. Después de la segunda semana, medía $1\frac{11}{12}$ pulgadas. Después de tres semanas, alcanzó una altura de $2\frac{3}{4}$ pulgadas. Suponiendo que el crecimiento de la planta fue constante, ¿cuántas pulgadas midió al finalizar la cuarta semana?

_____

12. **PIENSA MÁS** ¿Qué pasaría si la tasa de crecimiento de la planta de Bill fuera la misma, pero su altura al comprarla hubiera sido de $1\frac{1}{2}$ pulgadas? ¿Qué altura tendría la planta 3 semanas después?

_____

13. **PIENSA MÁS** Kendra salió a caminar una vez por día durante una semana. El primer día caminó $\frac{1}{8}$ de milla, el segundo día caminó $\frac{3}{8}$ de milla y el tercer día caminó $\frac{5}{8}$ de milla.

¿Cuál es la regla para la distancia que camina Kendra cada día? Muestra cómo puedes verificar tu respuesta.

_____

_____

_____

_____

Si el patrón continúa, ¿cuántas millas más caminará Kendra el día 7? Explica cómo hallaste tu respuesta.

_____

_____

_____

Práctica y tarea
Lección 6.8

Nombre _____

Patrones con fracciones

ESTÁNDAR COMÚN—5.NF.A.1
Utilizan las fracciones equivalentes como una estrategia para sumar y restar fracciones.

Escribe una regla para la secuencia. Luego halla el término desconocido.

1. $\frac{1}{2}, \frac{2}{3}, \frac{5}{6}$, _____, $1, 1\frac{1}{6}$

   Piensa: El patrón es creciente. Suma $\frac{1}{6}$ para hallar el término que sigue.

   Regla: _____

2. $1\frac{3}{8}, 1\frac{3}{4}, 2\frac{1}{8}$, _____, $2\frac{7}{8}$

   Regla: _____

3. $1\frac{9}{10}, 1\frac{7}{10}$, _____, $1\frac{3}{10}, 1\frac{1}{10}$

   Regla: _____

4. $2\frac{5}{12}, 2\frac{1}{6}, 1\frac{11}{12}$, _____, $1\frac{5}{12}$

   Regla: _____

Escribe los primeros cuatro términos de la secuencia.

5. **Regla:** Comienza con $\frac{1}{2}$, suma $\frac{1}{3}$.

6. **Regla:** Comienza con $3\frac{1}{8}$, resta $\frac{3}{4}$.

Resolución de problemas · En el mundo

7. El perrito de Jarett pesaba $3\frac{3}{4}$ onzas al nacer. A la semana pesaba $5\frac{1}{8}$ onzas. A las dos semanas pesaba $6\frac{1}{2}$ onzas. Si el perrito continúa aumentando de peso con este patrón, ¿cuánto pesará a las tres semanas?

8. Un panadero comenzó con 12 tazas de harina. Luego de hacer la primera tanda de masa, le quedaban $9\frac{1}{4}$ tazas de harina. Luego de la segunda tanda, le quedaban $6\frac{1}{2}$ tazas. Si hace dos tandas más de masa, ¿cuántas tazas de harina quedarán?

9. **ESCRIBE** *Matemáticas* Crea tu propia secuencia de 5 fracciones o números mixtos. Muéstrale la secuencia a otro estudiante para que halle la siguiente fracción en la secuencia.

Capítulo 6   399

Repaso de la lección (5.NF.A.1)

1. ¿Cuál es la regla de la secuencia?

$$\frac{5}{6}, 1\frac{1}{2}, 2\frac{1}{6}, 2\frac{5}{6}, \ldots$$

2. Jaime recorrió en bicicleta $5\frac{1}{4}$ millas el lunes, $6\frac{7}{8}$ millas el martes y $8\frac{1}{2}$ millas el miércoles. Si continúa con este patrón, ¿cuántas millas recorrerá el viernes?

Repaso en espiral (5.OA.A.2, 5.NBT.B.5, 5.NBT.B.7)

3. Jaylyn compitió en una carrera de bicicletas. Recorrió 33.48 millas en 2.7 horas. Si recorrió esa distancia a la misma velocidad, ¿cuál fue su velocidad en millas por hora?

4. En una semana, una compañía llenó 546 cajas con trastos. En cada caja entran 38 trastos. ¿Cuántos trastos se empacaron en cajas en esa semana?

5. Escribe una expresión que represente el enunciado "Suma 9 y 3, luego multiplica por 6".

6. Mario tardó 9.4 minutos en completar la primera prueba de un concurso de juegos. Completó la segunda prueba 2.65 minutos más rápido que la primera. ¿Cuánto tiempo tardó Mario en completar la segunda prueba?

Resolución de problemas • Practicar la suma y la resta

RESOLUCIÓN DE PROBLEMAS
Lección 6.9

Pregunta esencial ¿Cómo puede ayudarte la estrategia *trabajar de atrás para adelante* para resolver un problema de fracciones que incluya sumas y restas?

Números y operaciones—Fracciones—
5.NF.A.2
También 5.NF.A.1
PRÁCTICAS MATEMÁTICAS
MP1, MP2, MP4, MP6

Soluciona el problema

La familia Díaz está haciendo esquí de fondo a través de los senderos Big Tree, que tienen una longitud total de 4 millas. Ayer esquiaron en el sendero Oak, que mide $\frac{7}{10}$ de milla. Hoy esquiaron en el sendero Pine, que tiene una longitud de $\frac{3}{5}$ de milla. Si planean recorrer todos los senderos Big Tree, ¿cuántas millas más les quedan por esquiar?

Usa el organizador gráfico como ayuda para resolver el problema.

Lee el problema

¿Qué debo hallar?
Debo hallar la distancia
_____.

¿Qué información debo usar?
Debo usar la distancia
_____
y la distancia total
_____.

¿Cómo usaré la información?
Puedo trabajar de atrás para adelante comenzando por la
_____ y _____
cada una de las distancias que ya han esquiado para hallar la cantidad de millas que les queda por esquiar.

Resuelve el problema

La suma y la resta son operaciones inversas. Al trabajar de atrás para adelante usando los mismos números, una operación cancela la otra.

- Escribe una ecuación.

  millas esquiadas ayer + millas esquiadas hoy + millas que les quedan por esquiar = distancia total

  _____ + _____ + m = 4

- Luego trabaja de atrás para adelante para hallar *m*.

  _____ − _____ − _____ = m

  _____ = m

Entonces, a la familia le queda por esquiar _____ millas.

- **PRÁCTICA MATEMÁTICA ①** **Evalúa si es razonable** Explica cómo sabes si tu resultado es razonable. _____

Capítulo 6 401

🔑 Haz otro problema

Como parte de sus estudios sobre el tejido de canastas en la cultura indígena, la clase de Lía está haciendo canastas de mimbre. Lía comienza con una tira de mimbre de 36 pulgadas de longitud. Primero corta un trozo de la tira, cuya longitud desconoce y luego corta un trozo que mide $6\frac{1}{2}$ pulgadas de longitud. El trozo que queda mide $7\frac{3}{4}$ pulgadas de longitud. ¿Cuál es la longitud del primer trozo de tira que cortó?

Lee el problema

¿Qué debo hallar?

¿Qué información debo usar?

¿Cómo usaré la información?

Resuelve el problema

Entonces, el primer trozo que cortó medía _____ pulgadas de longitud.

Charla matemática

PRÁCTICAS MATEMÁTICAS ❶

Entiende los problemas ¿Qué otra estrategia podrías usar para resolver el problema?

402

Nombre _____

Comparte y muestra — MATH BOARD

Soluciona el problema
✓ Planea tu solución decidiendo los pasos que vas a usar.
✓ Comprueba el resultado exacto comparándolo con tu estimación.
✓ Comprueba si tu resultado es razonable.

1. Caitlin tiene $4\frac{3}{4}$ libras de arcilla. Usa $1\frac{1}{10}$ libras para hacer una taza y otras 2 libras para hacer un frasco. ¿Cuántas libras le quedan?

Primero, escribe una ecuación para representar el problema.

_____

A continuación, trabaja de atrás para adelante y vuelve a escribir la ecuación para hallar x.

_____

Resuelve.

_____

Entonces, le quedan _____ libras de arcilla.

ESCRIBE *Matemáticas* • **Muestra tu trabajo**

2. **PIENSA MÁS** ¿Qué pasaría si Caitlin hubiera usado más de 2 libras de arcilla para hacer el frasco? ¿La cantidad restante habría sido mayor o menor que el resultado del Ejercicio 1?

_____

3. Una tienda de mascotas donó 50 libras de alimento para perros adultos, cachorros y gatos a un refugio para animales. Donó $19\frac{3}{4}$ libras de alimento para perros adultos y $18\frac{7}{8}$ libras de alimento para cachorros. ¿Cuántas libras de alimento para gatos donó la tienda de mascotas?

_____

4. Thelma gastó $\frac{1}{6}$ de su mesada semanal en juguetes para perros, $\frac{1}{4}$ en un collar para perros y $\frac{1}{3}$ en alimento para perros. ¿Qué fracción de su mesada semanal le queda?

_____

Capítulo 6 • Lección 9   403

Por tu cuenta

5. **MÁS AL DETALLE** Martín está construyendo un modelo de una canoa indígena. Tiene $5\frac{1}{2}$ pies de madera. Usa $2\frac{3}{4}$ pies para el casco y $1\frac{1}{4}$ para los remos y los puntales. ¿Cuánta madera le queda?

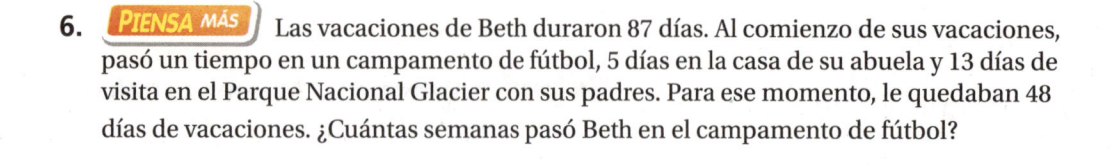

_____

6. **PIENSA MÁS** Las vacaciones de Beth duraron 87 días. Al comienzo de sus vacaciones, pasó un tiempo en un campamento de fútbol, 5 días en la casa de su abuela y 13 días de visita en el Parque Nacional Glacier con sus padres. Para ese momento, le quedaban 48 días de vacaciones. ¿Cuántas semanas pasó Beth en el campamento de fútbol?

_____

7. **PRÁCTICA MATEMÁTICA 2** **Razona de forma cuantitativa** Puedes comprar 2 DVD al mismo precio que pagarías por 3 CD que se venden a $13.20 cada uno. Explica cómo puedes hallar el precio de 1 DVD.

_____

_____

_____

8. **PIENSA MÁS** Julio atrapó 3 peces que pesaban un total de $23\frac{1}{2}$ libras. Un pez pesaba $9\frac{5}{8}$ libras y otro pesaba $6\frac{1}{4}$ libras. ¿Cuánto pesaba el tercer pez? Usa números y símbolos para escribir una ecuación que represente el problema. Luego resuelve la ecuación. Los símbolos pueden usarse más de una vez o no usarse.

| $23\frac{1}{2}$ | $9\frac{5}{8}$ | $6\frac{1}{4}$ | x | = | + |

_____

peso del tercer pez: _____ libras

404

Resolución de problemas • Practicar la suma y la resta

Práctica y tarea
Lección 6.9

ESTÁNDAR COMÚN—5.NF.A.2
Utilizan las fracciones equivalentes como una estrategia para sumar y restar fracciones.

Lee los problemas y resuélvelos.

1. De una madera de 8 pies de longitud, Emmet cortó dos estantes de $2\frac{1}{3}$ pies cada uno. ¿Cuánta madera quedó?

   Escribe una ecuación: $8 = 2\frac{1}{3} + 2\frac{1}{3} + x$

   Vuelve a escribir la ecuación para trabajar de atrás para adelante: $8 - 2\frac{1}{3} - 2\frac{1}{3} = x$

   Resta dos veces para hallar la longitud de la madera que quedó: $3\frac{1}{3}$ **pies**

2. Lynne compró una bolsa de toronjas, $1\frac{5}{8}$ libras de manzanas y $2\frac{3}{16}$ libras de plátanos. El peso total de lo que compró era $7\frac{1}{2}$ libras. ¿Cuánto pesaba la bolsa de toronjas?

   _____

3. La casa de Mattie tiene dos pisos y un ático. El primer piso mide $8\frac{5}{6}$ pies de altura, el segundo piso mide $8\frac{1}{2}$ pies de altura y toda la casa mide $24\frac{1}{3}$ pies de altura. ¿Cuál es la altura del ático?

   _____

4. De Alston a Barton hay $10\frac{3}{5}$ millas y de Barton a Chester hay $12\frac{1}{2}$ millas. La distancia de Alston a Durbin, pasando por Barton y Chester, es 35 millas. ¿Qué distancia hay de Chester a Durbin?

   _____

5. Marcie compró un rollo de cinta para embalaje de 50 pies. Usó dos trozos de $8\frac{5}{6}$ pies. ¿Cuánta cinta queda en el rollo?

   _____

6. **ESCRIBE** *Matemáticas* Escribe un problema de fracciones en el que uses la estrategia *trabajar de atrás para adelante* y la suma para resolverlo. Incluye la solución.

   _____

   _____

Capítulo 6   405

Repaso de la lección (5.NF.A.2)

1. Paula gastó $\frac{3}{8}$ de su mesada en ropa y $\frac{1}{6}$ en entretenimiento. ¿Qué fracción de su mesada gastó en otras cosas?

2. Delia compró una plántula que medía $2\frac{1}{4}$ pies de altura. Durante el primer año, la plántula creció $1\frac{1}{6}$ pies. Luego de dos años, medía 5 pies de altura. ¿Cuánto creció la plántula durante el segundo año?

Repaso en espiral (5.OA.A.1, 5.NBT.A.2, 5.NBT.B.6, 5.NF.B.7)

3. ¿De qué manera se escribe 100,000 usando exponentes?

4. ¿Qué expresión es la mejor estimación de $868 \div 28$?

5. Justin le dio al vendedor $20 para pagar una cuenta de $6.57. ¿Cuánto cambio debería recibir Justin?

6. ¿Cuál es el valor de la siguiente expresión?

$$7 + 18 \div (6 - 3)$$

Nombre _____

Usar las propiedades de la suma

Pregunta esencial ¿De qué manera las propiedades de la suma te pueden ayudar a sumar fracciones con denominadores distintos?

ÁLGEBRA
Lección 6.10

Estándares comunes Números y operaciones—Fracciones—5.NF.A.1
PRÁCTICAS MATEMÁTICAS
MP4, MP7, MP8

RELACIONA Puedes usar las propiedades de la suma como ayuda para sumar fracciones con denominadores distintos.

Propiedad conmutativa: $\frac{1}{2} + \frac{3}{5} = \frac{3}{5} + \frac{1}{2}$

Propiedad asociativa: $\left(\frac{2}{9} + \frac{1}{8}\right) + \frac{3}{8} = \frac{2}{9} + \left(\frac{1}{8} + \frac{3}{8}\right)$

Recuerda
Los paréntesis ( ) indican qué operación debes hacer primero.

Soluciona el problema En el mundo

Jane y su familia viajan en carro al Parque Estatal Big Lagoon. El primer día recorren $\frac{1}{3}$ de la distancia total. El segundo día recorren $\frac{1}{3}$ de la distancia total por la mañana y $\frac{1}{6}$ de la distancia total por la tarde. ¿Qué fracción de la distancia total ha recorrido la familia de Jane al final del segundo día?

🔑 **Usa la propiedad asociativa.**

Día 1 + Día 2

$\frac{1}{3} + \left(\frac{1}{3} + \frac{1}{6}\right) = \left(\boxed{} + \boxed{}\right) + \boxed{}$

$= \boxed{} + \boxed{}$

$= \boxed{} + \boxed{}$

$= \boxed{}$

Escribe el enunciado numérico para representar el problema. Usa la propiedad asociativa para agrupar las fracciones con denominadores semejantes.

Usa el cálculo mental para sumar las fracciones con denominadores semejantes.

Escribe fracciones equivalentes con denominadores semejantes. Luego suma.

Entonces, la familia de Jane ha recorrido _____ de la distancia total al final del segundo día.

Charla matemática **PRÁCTICAS MATEMÁTICAS** ⑧
Generaliza Explica por qué al agrupar las fracciones de distinta manera resulta más fácil hallar la suma.

Capítulo 6   407

Ejemplo

Suma. $\left(2\frac{5}{8} + 1\frac{2}{3}\right) + 1\frac{1}{8}$

Usa la propiedad conmutativa y la propiedad asociativa.

$\left(2\frac{5}{8} + 1\frac{2}{3}\right) + 1\frac{1}{8} = \left(\square + \square\right) + \square$

Usa la propiedad conmutativa para colocar las fracciones con denominadores semejantes una al lado de la otra.

$= \square + \left(\square + \square\right)$

Usa la propiedad asociativa para agrupar las fracciones con denominadores semejantes.

$= \square + \square$

Usa el cálculo mental para sumar las fracciones con denominadores semejantes.

$= \square + \square$

Escribe fracciones equivalentes con denominadores semejantes. Luego suma.

$= \square = \square$

Convierte y simplifica.

¡Inténtalo!
Usa propiedades para resolver los ejercicios. Muestra cada paso y menciona la propiedad que usaste.

A $5\frac{1}{4} + \left(\frac{3}{4} + 1\frac{5}{12}\right)$

B $\left(\frac{1}{5} + \frac{3}{10}\right) + \frac{2}{5}$

408

Nombre _____

Comparte y muestra

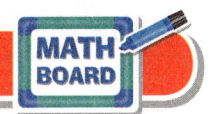

Usa propiedades y el cálculo mental para resolver los ejercicios.
Escribe el resultado en su mínima expresión.

1. $\left(2\frac{5}{8} + \frac{5}{6}\right) + 1\frac{1}{8}$

2. $\frac{5}{12} + \left(\frac{5}{12} + \frac{3}{4}\right)$

3. $\left(3\frac{1}{4} + 2\frac{5}{6}\right) + 1\frac{3}{4}$

PRÁCTICAS MATEMÁTICAS 7

Identifica las relaciones ¿En qué se diferencia resolver el Ejercicio 3 de resolver el Ejercicio 1?

Por tu cuenta

Usa las propiedades y el cálculo mental para resolver los ejercicios.
Escribe el resultado en su mínima expresión.

4. $\left(\frac{2}{7} + \frac{1}{3}\right) + \frac{2}{3}$

5. $\left(\frac{1}{5} + \frac{1}{2}\right) + \frac{2}{5}$

6. $\left(\frac{1}{6} + \frac{3}{7}\right) + \frac{2}{7}$

7. $\left(2\frac{5}{12} + 4\frac{1}{4}\right) + \frac{1}{4}$

8. $1\frac{1}{8} + \left(5\frac{1}{2} + 2\frac{3}{8}\right)$

9. $\frac{5}{9} + \left(\frac{1}{9} + \frac{4}{5}\right)$

10. **MÁS AL DETALLE** Tina usó $10\frac{1}{2}$ yardas de estambre para hacer tres muñecas de estambre. Usó $4\frac{1}{2}$ yardas de estambre para la primera muñeca y $2\frac{1}{5}$ yardas para la segunda muñeca. ¿Cuánto estambre usó Tina para la tercera muñeca?

Resolución de problemas • Aplicaciones

Usa el mapa para resolver los problemas 11 y 12.

11. **MÁS AL DETALLE** Julie va en bicicleta desde el complejo deportivo hasta la escuela. Luego va en bicicleta desde la escuela hasta el centro comercial y luego, hasta la biblioteca. Kyle va en bicicleta desde su casa hasta el centro comercial y luego, hasta la biblioteca. ¿Quién recorre una distancia mayor en bicicleta? ¿Cuántas millas más?

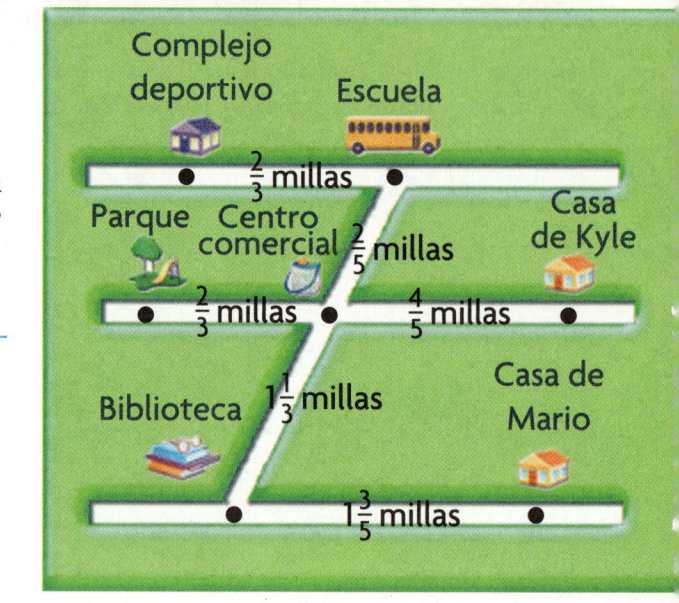

_____

12. **PIENSA MÁS** Una tarde, Mario camina desde su casa hasta la biblioteca. Más tarde, Mario camina desde la biblioteca hasta el centro comercial y luego, hasta la casa de Kyle. Describe de qué manera puedes usar propiedades para hallar la distancia que caminó Mario.

_____
_____
_____

13. **PRÁCTICA MATEMÁTICA 4** **Escribe una expresión** Kyle está sumando las distancias entre la escuela y el centro comercial, el centro comercial y el parque y el centro comercial y su casa. Escribe $\frac{2}{5} + \frac{2}{3} + \frac{4}{5}$. Vuelve a escribir la expresión de Kyle usando propiedades para que las fracciones sean más fáciles de sumar.

_____

14. **PIENSA MÁS** En los ejercicios 14a a 14c, indica si la expresión se volvió a escribir usando la propiedad conmutativa o la propiedad asociativa. Elige la propiedad correcta de la suma.

14a. $\frac{9}{10} + \left(\frac{3}{10} + \frac{5}{6}\right) = \left(\frac{9}{10} + \frac{3}{10}\right) + \frac{5}{6}$

  propiedad asociativa
  propiedad conmutativa

14b. $\left(\frac{3}{4} + \frac{1}{5}\right) + \frac{1}{4} = \left(\frac{1}{5} + \frac{3}{4}\right) + \frac{1}{4}$

  propiedad asociativa
  propiedad conmutativa

14c. $\left(3\frac{1}{2} + 2\frac{1}{8}\right) + 1\frac{5}{8} = 3\frac{1}{2} + \left(2\frac{1}{8} + 1\frac{5}{8}\right)$

  propiedad asociativa
  propiedad conmutativa

Nombre _____

Usar las propiedades de la suma

**Práctica y tarea
Lección 6.10**

ESTÁNDAR COMÚN—5.NF.A.1
Utilizan las fracciones equivalentes como una estrategia para sumar y restar fracciones.

Usa las propiedades y el cálculo mental para resolver los ejercicios. Escribe el resultado en su mínima expresión.

1. $\left(2\frac{1}{3} + 1\frac{2}{5}\right) + 3\frac{2}{3}$
   $= \left(1\frac{2}{5} + 2\frac{1}{3}\right) + 3\frac{2}{3}$
   $= 1\frac{2}{5} + \left(2\frac{1}{3} + 3\frac{2}{3}\right)$
   $= 1\frac{2}{5} + 6$
   $= 7\frac{2}{5}$

2. $8\frac{1}{5} + \left(4\frac{2}{5} + 3\frac{3}{10}\right)$

3. $\left(1\frac{3}{4} + 2\frac{3}{8}\right) + 5\frac{7}{8}$

4. $2\frac{1}{10} + \left(1\frac{2}{7} + 4\frac{9}{10}\right)$

5. $\left(4\frac{3}{5} + 6\frac{1}{3}\right) + 2\frac{3}{5}$

6. $1\frac{1}{4} + \left(3\frac{2}{3} + 5\frac{3}{4}\right)$

Resolución de problemas · En el mundo

7. Elizabeth recorrió en su bicicleta $6\frac{1}{2}$ millas desde su casa hasta la biblioteca y luego recorrió otras $2\frac{2}{5}$ millas hasta la casa de su amigo Milo. Si la casa de Carson se encuentra a $2\frac{1}{2}$ millas de la casa de Milo, ¿cuántas millas recorrió desde su casa hasta la casa de Carson?

8. Hassan preparó una ensalada de verduras con $2\frac{3}{8}$ libras de tomates, $1\frac{1}{4}$ libras de espárragos y $2\frac{7}{8}$ libras de papas. ¿Cuántas libras de verduras usó en total?

9. **ESCRIBE** *Matemáticas* Escribe Propiedad conmutativa y Propiedad asociativa en la parte superior de la página. Debajo del nombre de cada propiedad, escribe su definición y tres ejemplos de uso.

Capítulo 6   411

Repaso de la lección (5.NF.A.1)

1. ¿Cuál es la suma de $2\frac{1}{3}$, $3\frac{5}{6}$ y $6\frac{2}{3}$?

2. Leticia tiene $7\frac{1}{6}$ yardas de cinta amarilla, $5\frac{1}{4}$ yardas de cinta anaranjada y $5\frac{1}{6}$ yardas de cinta café. ¿Cuánta cinta tiene en total?

Repaso en espiral (5.OA.A.1, 5.NBT.B.6, 5.NBT.B.7, 5.NF.A.1)

3. Juanita escribió 3×47 como $3 \times 40 + 3 \times 7$. ¿Qué propiedad usó para volver a escribir la expresión?

4. ¿Cuál es el valor de la expresión?

$$18 - 2 \times (4 + 3)$$

5. Evan gastó $15.89 en 7 libras de alpiste. ¿Cuánto costó cada libra de alpiste?

6. Cade recorrió en bicicleta $1\frac{3}{5}$ millas el sábado y $1\frac{3}{4}$ millas el domingo. ¿Cuántas millas recorrió en total entre los dos días?

412

Nombre _____

✓ Repaso y prueba del Capítulo 6

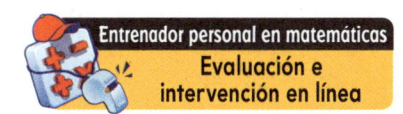

Entrenador personal en matemáticas
Evaluación e intervención en línea

1. Sophia cuidó a un bebé durante $3\frac{7}{12}$ horas el viernes. Lo cuidó durante $2\frac{5}{6}$ horas el sábado. En los ejercicios 1a a 1c, estima cuánto tiempo en total cuidó al bebé Sophia el viernes y el sábado. Elige los puntos de referencia correctos y luego suma.

1a. Sophia cuidó al bebé durante [2 / 3 / $3\frac{1}{2}$ / 4] horas el viernes.

1b. Sophia cuidó al bebé durante [1 / 2 / $2\frac{1}{2}$ / 3] horas el sábado.

1c. Sophia cuidó al bebé durante [5 / $5\frac{1}{2}$ / 6 / $6\frac{1}{2}$] horas el viernes y el sábado en total.

2. Rodrigo practicó guitarra durante $15\frac{1}{3}$ horas durante las últimas 3 semanas. Practicó durante $6\frac{1}{4}$ horas durante la primera semana y $4\frac{2}{3}$ horas durante la segunda semana. ¿Cuánto tiempo practicó Rodrigo durante la tercera semana? Usa los números y los símbolos para escribir una ecuación que represente el problema. Luego resuelve la ecuación. Puedes usar los símbolos más de una vez o no usarlos.

[$15\frac{1}{3}$] [$6\frac{1}{4}$] [$4\frac{2}{3}$] [x] [=] [+]

Tiempo de práctica durante la tercera semana: _____ horas

Opciones de evaluación
Prueba del capítulo

Capítulo 6 413

3. Liam compró $5\frac{7}{8}$ libras de carne. Usó $2\frac{1}{16}$ libras de la carne en una barbacoa. En los ejercicios 3a a 3c, completa el espacio en blanco.

   3a. Redondeado al punto de referencia más próximo, Liam compró aproximadamente ☐ libras de carne.

   3b. Redondeado al punto de referencia más próximo, Liam usó aproximadamente ☐ libras de carne en la barbacoa.

   3c. A Liam le sobraron aproximadamente ☐ libras de carne después de la barbacoa.

4. Jackson recolectó manzanas para su familia. Recolectó un total de $6\frac{1}{2}$ libras. Les llevó $2\frac{3}{4}$ libras a su tía y $1\frac{5}{8}$ libras a su mamá. ¿Cuántas libras de manzanas le quedaron para su abuela? Usa números y símbolos para escribir una ecuación que represente el problema; luego resuelve la ecuación. Los símbolos pueden usarse más de una vez o no usarse.

   $6\frac{1}{2}$ $2\frac{3}{4}$ $1\frac{5}{8}$ x   =   +

   El peso de las manzanas que Jackson le dio a su abuela es de: _____ libras.

5. Escribe $\frac{2}{5}$ y $\frac{1}{3}$ como fracciones equivalentes usando un denominador común.

   ☐ y ☐

6. Jill llevó $2\frac{1}{3}$ cajas de panecillos de zanahoria a una feria de pastelería. Mike llevó $1\frac{3}{4}$ cajas de panecillos de manzana. ¿Cuántas cajas de panecillos llevaron Jill y Mike en total a la feria?

   _____ cajas de panecillos

Nombre _____

7. La parte sombreada del diagrama representa lo que a Rebecca le sobró de un metro de cuerda. Rebecca va a usar $\frac{3}{5}$ de metro de la cuerda para hacer pulseras. Quiere determinar cuánta cuerda le sobrará después de hacer las pulseras. En los ejercicios 7a a 7c, elige Verdadero o Falso para cada oración.

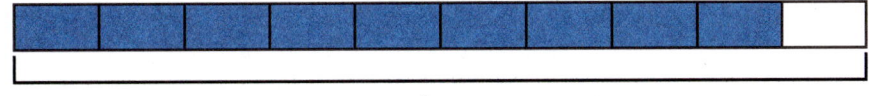

1 m

7a. Para determinar cuánta cuerda le sobrará después de hacer las pulseras, Rebecca tiene que hallar $\frac{9}{10} - \frac{3}{5}$. ◯ Verdadero   ◯ Falso

7b. Las fracciones $\frac{3}{5}$ y $\frac{6}{10}$ son equivalentes. ◯ Verdadero   ◯ Falso

7c. A Rebecca le sobrará $\frac{1}{5}$ de metro de cuerda. ◯ Verdadero   ◯ Falso

8. En los ejercicios 8a a 8c, indica si la expresión se volvió a escribir usando la propiedad conmutativa o la propiedad asociativa. Elige la propiedad correcta de la suma.

8a. $\frac{1}{6} + \left(\frac{7}{8} + \frac{5}{6}\right) = \frac{1}{6} + \left(\frac{5}{6} + \frac{7}{8}\right)$

propiedad asociativa

propiedad conmutativa

8b. $\left(\frac{7}{10} + \frac{1}{3}\right) + \frac{1}{10} = \left(\frac{1}{3} + \frac{7}{10}\right) + \frac{1}{10}$

propiedad asociativa

propiedad conmutativa

8c. $\left(6\frac{2}{5} + \frac{4}{9}\right) + 3\frac{2}{9} = 6\frac{2}{5} + \left(\frac{4}{9} + 3\frac{2}{9}\right)$

propiedad asociativa

propiedad conmutativa

9. Joshua sigue una regla para escribir la siguiente secuencia de números.

$$\frac{1}{6}, \frac{1}{2}, \frac{5}{6}, \underline{\hspace{2cm}}, 1\frac{1}{2}$$

¿Qué regla siguió Joshua? ▢

¿Qué número falta en la secuencia? ▢

10. Jeffrey caminó $\frac{1}{3}$ de milla el lunes y corrió $\frac{3}{4}$ de milla el martes. ¿Cuánto caminó y corrió el lunes y el martes en total? Usa las fichas para completar el modelo de tiras fraccionarias y mostrar cómo hallaste tu resultado. Las fracciones pueden usarse más de una vez o no usarse.

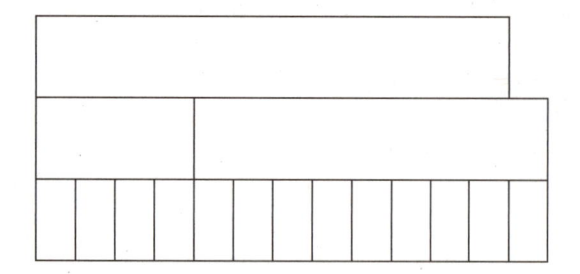

$\frac{1}{2}$	$\frac{1}{3}$
$\frac{1}{4}$	$\frac{3}{4}$
$\frac{1}{12}$	1

_____ milla(s)

11. PIENSA MÁS + El Sr. Cohen maneja $84\frac{2}{10}$ millas el martes, $84\frac{6}{10}$ millas el miércoles y 85 millas el jueves.

Parte A

¿Cuál es la regla para hallar la distancia que maneja el Sr. Cohen todos los días? Muestra cómo puedes comprobar tu respuesta.

Parte B

Si el patrón continúa, ¿cuántas millas manejará el Sr. Cohen el domingo? Explica cómo hallaste tu respuesta.

416

Nombre _____

12. Alana compró $\frac{3}{8}$ de libra de queso suizo y $\frac{1}{4}$ de libra de queso americano. ¿Qué pares de fracciones son equivalentes a la cantidad que compró Alana? Marca todas las opciones que correspondan.

- (A) $\frac{24}{64}$ y $\frac{8}{64}$
- (B) $\frac{6}{16}$ y $\frac{4}{16}$
- (C) $\frac{12}{32}$ y $\frac{6}{32}$
- (D) $\frac{15}{40}$ y $\frac{10}{40}$

13. **MÁS AL DETALLE** Cuatro estudiantes trabajaron de voluntarios la semana pasada. En la tabla se muestra cuánto tiempo trabajó cada estudiante de voluntario.

Trabajo voluntario	
Estudiante	Tiempo (en horas)
Amy	$4\frac{5}{6}$
Beth	$6\frac{1}{2}$
Víctor	$5\frac{3}{4}$
Claudio	$5\frac{2}{3}$

Empareja cada par de estudiantes con la diferencia entre el tiempo que pasaron como voluntarios.

Amy y Víctor • • $\frac{3}{4}$ horas

Claudio y Beth • • $\frac{11}{12}$ horas

Beth y Víctor • • $\frac{5}{6}$ horas

14. En los ejercicios 14a a 14d, indica en cuáles de las expresiones deben convertirse los números mixtos antes de restar. Halla cada diferencia. Escribe cada expresión y su diferencia en el recuadro correcto.

14a. $2\frac{1}{3} - 1\frac{3}{4}$

14b. $1\frac{3}{4} - \frac{7}{8}$

14c. $5\frac{2}{3} - 2\frac{5}{8}$

14d. $6\frac{1}{5} - 2\frac{1}{3}$

Deben convertirse	No deben convertirse

Capítulo 6   417

15. El Sr. Clements pintó su granero durante $3\frac{3}{5}$ horas en la mañana. Pintó el granero durante $5\frac{3}{4}$ horas en la tarde. En los ejercicios 15a a 15c, elige Verdadero o Falso para cada oración.

- **15a.** Un denominador común de los números mixtos es 20. ○ Verdadero ○ Falso

- **15b.** La cantidad de tiempo que pasó pintando durante la mañana se podría rescribir como $3\frac{15}{20}$ horas. ○ Verdadero ○ Falso

- **15c.** El Sr. Clements pintó $2\frac{3}{20}$ horas más en la tarde que en la mañana. ○ Verdadero ○ Falso

16. Tom hizo ejercicio durante $\frac{4}{5}$ de hora el lunes y $\frac{5}{6}$ de hora el martes.

Parte A

Completa los siguientes cálculos para escribir fracciones equivalentes con un denominador común.

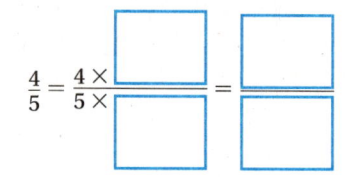

$$\frac{4}{5} = \frac{4 \times \boxed{}}{5 \times \boxed{}} = \frac{\boxed{}}{\boxed{}} \qquad \frac{5}{6} = \frac{5 \times \boxed{}}{6 \times \boxed{}} = \frac{\boxed{}}{\boxed{}}$$

Parte B

¿Cuánto tiempo hizo ejercicio Tom el lunes y el martes en total? Explica cómo hallaste tu respuesta.

Parte C

¿Cuánto tiempo más hizo ejercicio Tom el martes que el lunes? Explica cómo hallaste la respuesta.